18-01-2024

Ileano

Spero che queste
letture ti intrighi
con affetto
Mirella

Paper**FIRST**

by Il Fatto Quotidiano

© 2023 PaperFIRST by il Fatto Quotidiano
Edizione 1 – Anno 2023
Collana diretta da: Marco Lillo
Società Editoriale Il Fatto SpA
Redazione, Sede Legale: Via di Sant'Erasmo, 2 – 00184 Roma
www.ilfattoquotidiano.it

ANDREA SCANZI

LA SCIAGURA

GIORGIA MELONI E IL SUO GOVERNO DISASTROSO

PaperFIRST

Lei è Giorgia

Lei è Giorgia (biografia breve)

Giorgia Meloni nasce il 15 gennaio 1977 a Roma. Ha origini sarde per via del padre e messinesi per via della madre. Il padre Francesco, commercialista "di simpatie comuniste", abbandona la famiglia quando Giorgia ha due anni e si trasferisce alle Canarie, dove avrà altri quattro figli dalla seconda moglie. Verrà poi condannato a nove anni di galera per traffico di droga. Giorgia, sia nel suo libro che in alcune interviste private, ne ha sempre parlato con grande freddezza, ammettendo che quando il padre è morto lei non ha provato nulla.

La madre, Anna Paratore, cresce Giorgia e la sorella maggiore Arianna da sola. Per un po' scrive anche romanzi rosa sotto gli pseudonimi Josie Bell e Amanda King.

Giorgia cresce prima alla Camilluccia (il quartiere del padre) e poi alla Garbatella. Si diploma con 60/60 all'istituto professionale Amerigo Vespucci di Roma: maturità linguistica.

Nel 1992 si iscrive al Movimento Sociale Italiano, spinta dall'esempio e dal martirio di Paolo Borsellino, ucciso il 19 luglio di quello stesso anno dalla mafia con la sua scorta mentre andava a trovare la madre.

La sua ascesa politica è sfolgorante. Nel 1996 è responsabile nazionale di Azione Studentesca, il movimento studentesco di Alleanza Nazionale. Nel 1998 viene eletta consigliera provinciale a Roma. Nel 2000 diviene dirigente nazionale di Azione

Giovani, l'organizzazione giovanile di An. Nel 2004 viene eletta presidente di Azione Giovani. Dal 2006 è giornalista professionista, avendo precedentemente scritto per il *Secolo d'Italia*.

Sempre nel 2006 viene eletta una prima volta alla Camera dei deputati. Da allora è sempre stata eletta in Parlamento, fino al 2022. In quella quindicesima legislatura (c'era il Prodi-2) è vicepresidente della Camera. Giorgia è una delle protette di Gianfranco Fini.

Nel 2008 Silvio Berlusconi la vuole ministro per la Gioventù nel suo quarto governo: Meloni ha solo trentuno anni e diviene il più giovane ministro nella storia dell'Italia repubblicana.

Nel novembre 2012 annuncia la propria candidatura alle primarie del Popolo della Libertà, dentro cui è confluita tre anni e mezzo prima Alleanza Nazionale. Quando Berlusconi decide di non disputare le primarie, il 20 dicembre 2012 Meloni lascia il PdL e fonda Fratelli d'Italia, che comunque conferma l'alleanza con il partito di Berlusconi.

L'8 marzo 2014 diviene presidente di Fratelli d'Italia. Il partito si presenta alle Europee, stravinte da Matteo Renzi, raccogliendo appena il 3,67% e non superando la soglia di sbarramento del 4%.

Nel 2015 candida al Quirinale Vittorio Feltri, e la cosa bella è che – quando lo fa – è pure seria.

Nel 2016 si candida a sindaco di Roma, arrivando terza (e quindi non al ballottaggio) dietro Virginia Raggi e Roberto Giachetti, con il 20,62% dei voti. Durante il Family Day di quello stesso anno, dichiara di essere incinta della sua prima figlia, Ginevra, avuta con il compagno Andrea Giambruno, giornalista Mediaset.

Il 4 dicembre 2016 vota No alla riforma (si fa per dire) Boschi-Verdini, fortemente voluta dall'allora potentissimo Renzi, contro il quale Meloni farà sempre una meritoria opposizione.

Alle elezioni del 2018 Fratelli d'Italia passa dall'1,96% del 2013 al 4,35%. Nel 2019, per le Europee, dove Meloni si candida in tutte le circoscrizioni e viene eletta ma rinuncia subito al seggio di europarlamentare, Fratelli d'Italia sale al 6,5%.

Meloni resta all'opposizione sia del Conte-1 (dove c'è il suo alleato Salvini, che vive peraltro il suo apice) sia del Conte-2, per poi vincere alla lotteria – non senza scaltrezza – scegliendo di non entrare nel caravanserraglio del governo Draghi. Sarà la mossa che le farà vincere le elezioni del 2022.

Durante il Covid usa toni durissimi contro Giuseppe Conte e flirta con disinvoltura col mondo no vax, complottaro e antiscientifico. Salvini farà lo stesso, ma dopo il Papeete 2019 è ormai un politico postumo in vita. E Giorgia comincia a mangiargli tutti i voti.

Alle elezioni del 2022, Giorgia Meloni stravince le elezioni con il 26%. Un risultato derivante dalla sua bravura, dai disastri del centrosinistra (Enrico Letta su tutti), dall'astensione molto alta (che punisce anzitutto sinistra e 5 Stelle) e dal fastidio generato dal governo Draghi sull'elettorato.

Il 22 ottobre 2022 Giorgia Meloni presta giuramento al Palazzo del Quirinale come presidente del Consiglio, assieme ai suoi ministri, dando così inizio al mitologico governo Meloni. È la prima presidente del Consiglio donna nella storia della Repubblica italiana, anche se una delle sue prime mosse ufficiali sarà quella di esigere di essere chiamata "il" presidente e non "la" presidente.

Tutte queste cose le potete leggere ovunque. In questo libro, però, cercherò di raccontarvi di più. Molto di più. Anzitutto quello che gli altri non vi dicono, o perché non lo sanno oppure – e più spesso – perché non lo ritengono conveniente.

Non è una cazzara

Il titolo più facile per questo libro, e forse più vendibile, sarebbe stato "La cazzara nera". Una sorta di seguito ideale e di chiusura della ipotetica "trilogia dei cazzari" dopo Renzi e Salvini.

Ma non sarebbe stato un titolo giusto.

Vorrei che fosse chiaro a tutti voi, oltre che all'opposizione (ove realmente esistente): Giorgia Meloni *non è* una cazzara. Non ha il livello politicamente inesistente, fanfarone e colpevolmente vuoto di Renzi e Salvini, i due più grandi sopravvalutati nella storia recente della politica italica.

Meloni è proprio un altro livello, un'altra cifra, un'altra categoria.

Voi potreste dirmi: be', non è che ci voglia molto a essere meglio di quei due Matteo lì. Vero, ma non dovete dirlo a me, che Renzi e Salvini li ho sempre criticati e sottoposti alla satira anche quando lo facevano in pochi.

Potreste anche ricordarmi che Giorgia Meloni sarà pure brava ma non è certo Churchill: ma sì, siamo d'accordo pure su questo. Il livello della politica italiana è quasi sempre rasoterra, di Berlinguer e Pertini non se ne vedono in giro da trent'anni e in tempi di cecità beato chi ha un occhio. Lo so.

Meloni però non è una cazzara. Anche quando pubblicai *I cazzari del virus*, nel 2020, mi opposi all'idea di mettere Meloni accanto a Renzi e Salvini: sarebbe stato sbagliato. Lo comunicai anche a lei, in una delle ultime nostre telefonate, e mi ringraziò. Meloni ha sbagliato tutto durante il Covid, in maniera anche grave, ma la sua è stata una tattica consolidata (il che è pure peggio) e non il frutto di incapacità e gaffe.

Se pensiamo a Giorgia Meloni come a un fenomeno marginale e provvisorio, che si autodistruggerà in poco tempo come accaduto ai due Matteo, sbagliamo totalmente. Giorgia Meloni è una politica scaltra e furbina, che studia, con un'indole "secchiona" e una passione sincera per la politica. Lei crede davvero che la sua sia una missione per cambiare l'Italia. E questo, al netto dei suoi infiniti limiti e fallimenti, e al netto pure della sua disastrosa classe dirigente, la rende ancora più temibile. E pericolosa.

Roghi, bullismi e Garbatella

Nel libro *Io sono Giorgia*, Meloni si racconta senza timori e pudori. L'amore assoluto per la madre, a cui deve tutto. L'assenza del padre, che se ne va quando lei è molto piccola. Il bullismo che subisce da bambina, perché non proprio magrissima. L'incendio che si porta via la loro casa (aveva quattro anni e sua madre dovette ripartire da zero). L'affetto per il primo cane, Ettore, che la accompagnerà per i primi dodici anni della sua vita. L'attaccamento al quartiere della Garbatella, che reputa – come Nanni Moretti in *Caro diario* – il più bello della capitale.

Sono le pagine migliori del libro, anche tenere e toccanti, che svelano molto della natura "underdog" di Meloni.

Benito era figo

> Penso che Mussolini fosse un buon politico. Tutto quello che ha fatto, l'ha fatto per l'Italia. Non ci sono stati altri politici come lui negli ultimi cinquant'anni.

Sono le parole esatte che Giorgia Meloni, il 20 aprile 1996, pronuncia (in un buon francese) per la tivù transalpina France 3. Meloni aveva diciannove anni e militava in Alleanza Nazionale. Quell'anno l'Italia scelse tra Prodi e Berlusconi, varando il governo Prodi-1, che – per chi scrive – è stato per distacco il miglior governo della Seconda Repubblica assieme al Conte-2.

Il video con le dichiarazioni giovanili mussoliniane di Meloni ha cominciato a ricircolare in modo massiccio poco prima del voto alle elezioni nazionali del settembre 2022. Ovviamente quel video e quelle parole non solo non le hanno tolto mezzo voto, ma probabilmente gliel'hanno fatto pure guadagnare. In Italia funziona così.

Seconda famiglia

Giorgia Meloni si avvicina al Msi a quindici anni per Paolo Borsellino e non solo. Una sua amica la porta a una manifestazione del Fronte della Gioventù e lei si trova bene:

> Avevano inscenato una rappresentazione in cui i ragazzi erano travestiti da alcuni dei personaggi principali dei partiti dell'epoca in tuta da carcerato, a simboleggiare una Prima Repubblica che aveva costruito la sua fortuna depredando le future generazioni. C'era un clima molto diverso dall'idea che si poteva avere di quell'ambiente, un'atmosfera goliardica, allegra. Mi ero sentita a mio agio.

Oltre a ciò, racconta Meloni: "Il Movimento Sociale Italiano era del tutto estraneo alle ruberie e alla corruzione che venivano scoperchiate in quegli anni".

Per questo aderisce al Msi. Le si apre un mondo:

> A quindici anni e mezzo non pensavo che bussando al portone blindato della sezione del Fronte della Gioventù alla Garbatella avrei trovato la mia seconda famiglia. Una famiglia decisamente più numerosa di quella di origine.

Io sono Sam Gamgee

Come tutta la destra italiana, Giorgia Meloni ha una fissa per Tolkien e la saga del *Signore degli Anelli*. "Ogni settimana", racconta nella sua biografia ripensando ai suoi primi anni in politica,

> ci vedevamo per "il richiamo del corno", dal possente corno di Boromir del Signore degli Anelli che chiamava a raccolta la Compagnia. Era un momento in cui si condivideva, si commentava la lettura di aforismi, libri, articoli di giornale.

Meloni ha anche proiettato la sua sé migliore proprio in un personaggio di Tolkien:

> Di recente ho rivisto un'agghiacciante foto di me vestita da Sam Gamgee, uno degli hobbit del *Signore degli Anelli* di Tolkien. Del resto, del libro Sam è sempre stato il mio personaggio preferito. Non ha la regalità di Aragorn, la magia di Gandalf, la forza di Gimli o la velocità di Legolas. È solo un hobbit, nella vita fa il giardiniere. Eppure, senza di lui Frodo non avrebbe mai compiuto la missione. Sa che non saranno le sue gesta a essere cantate in futuro, ma non è per la gloria che rischia tutto. "Sono le piccole mani a cambiare il mondo", dice Tolkien.

È un passaggio importante, perché Meloni ha di sé un'idea non dissimile da quella teorizzata in *Una vita da mediano* da Ligabue (citato peraltro nella biografia come uno dei cantanti preferiti da Donna Giorgia, in particolare per il brano *Non è tempo per noi*). Torna ancora la decisiva rivendicazione per Meloni di essere una underdog: non una prescelta, ma una qualsiasi che si è fatta da sola e che non fa politica per la gloria, ma per cambiare il mondo.

(In peggio, ahinoi).

Capolavori

Fratelli d'Italia è un partito nato nel 2012, durante il tremebondo governo Monti appoggiato da Berlusconi e all'inizio pure da Meloni. Lo hanno fondato Ignazio La Russa, Guido Crosetto e Giorgia Meloni. Meloni lo presiede dal 2014. E sempre Meloni, nello scetticismo generale, ha saputo portare questo partito dall'1,96% del 2013 (665.830 voti alla Camera) al 26% del 2022 (7.302.517 voti alla Camera).

Un capolavoro numerico, tattico, politico e strategico che nessuno le potrà mai togliere.

Ma “nuova” de che?

È incredibile – ma molto italiano – come Meloni abbia vinto le elezioni del 2022 riuscendo a passare – e ad essere percepita – come “nuova”.

Ma nuova *de che*?

Fa politica da più di trent’anni, è già stata al governo, incarna un’idea di vita e di mondo che era già vecchia cent’anni fa e politicamente (nelle cose che contano, su tutte politica estera ed economica) è nuova e rivoluzionaria quanto potrebbe esserlo Valerio Scanu che suona una mazurka al Centro anziani di Tegoleto.

Non scherziamo, dai.

Lei è una martire

Giorgia Meloni ha un'idea molto edulcorata, idilliaca e mitizzata della destra. E non sopporta che la sinistra non le riconosca i meriti e goda di una critica più benevola. Ogni volta che parla di destra, in lei c'è sempre un retrogusto vittimista e frignone, quasi che rosicasse per non essere gradita in certi ambienti "intellettualoidi" (che non ama, ma a cui vorrebbe piacere eccome). Ovviamente non alludo a quei dementi che (anche da pulpiti autorevoli, come certe testate un tempo nobili) l'hanno negli anni insultata attraverso parole indegne e body shaming veri e propri. Quelli – come pure chi la diffama sui social o in certe manifestazioni – sono degli idioti in piena regola. Parlo di quei giornalisti, di quegli osservatori e di quegli intellettuali che non amano la leader di FdI. (E magari ci sarà pure un perché, no?).

Giorgia Meloni ama ricordare per esempio che "la destra giovanile è sempre stata fortemente ecologista, e che nasce a destra una storica associazione ambientalista come Fare Verde". Allude, qui, a Paolo Colli.

"La nostra", dice Meloni, "è stata una comunità piena di visionari, di persone che non ci stavano a guardarsi indietro, a essere relegate nel ruolo di nostalgici da operetta confezionato da altri". Quindi, per Meloni, sbaglia (tanto per cambiare) la sinistra quando pensa che il Msi fosse pieno di fascisti e nostalgici: al contrario, era una "comunità" piena di visionari, geni e sognatori.

Meloni insiste poi – ed è uno dei motivi per cui non si definirà mai "antifascista" – con un altro dei suoi cavalli di battaglia: i morti di serie A e di serie B. I primi sono appunto gli antifascisti e "quelli di sinistra". I secondi sono i fascisti e quelli di destra.

Meloni si riferisce anzitutto a Paolo Di Nella, "l'ultimo dei ragazzi del Fronte della Gioventù uccisi nella scia degli anni Settanta". E ricorda che:

> Negli anni di piombo erano stati molti, troppi, i nostri militanti uccisi per il semplice fatto di trovarsi in una sezione del Movimento Sociale, come ad Acca Larenzia, o per avere scritto un tema contro le Brigate Rosse, come Sergio Ramelli. Morivano senza una ragione, senza una colpa, e venivano sistematicamente ignorati. E, le poche volte che se ne parlava, era per giustificare i loro assassini, secondo il principio – scritto sui muri, e non solo – per cui "uccidere un fascista non è un reato".

La chiave di lettura di Meloni è sempre la stessa. L'ha rilanciata anche da presidente del Consiglio, in occasione delle celebrazioni (per lei e il suo partito molto imbarazzanti) del 25 aprile. Il sunto di ogni suo intervento sul tema suona sempre più o meno così: ok, il fascismo non è stato forse quello che noi credevamo da giovani, ma anche la sinistra ha le sue colpe. Da qui il desiderio non tanto di una pacificazione a quasi ottant'anni dalla fine della Seconda guerra mondiale, quanto di un'inaccettabile parificazione.

Meloni ama ogni volta recitare la parte della martire della storia. È una delle sue tante coperte di Linus, che in tempi di ignoranza storica e menefreghismo diffuso funziona benissimo.

Giorgia Meloni ricorda spesso con commozione il gesto del presidente della Repubblica Sandro Pertini, che andò a trovare in ospedale proprio Paolo Di Nella nei suoi giorni di agonia (era il 1983). "Fu un fatto storico, per la nostra comunità e non solo". Certo che lo fu. Come è vero che gli anni Settanta, che Gaber chiamava non a caso "anni affollati, di idioti e di pazzi", furono una mattanza spesso indiscriminata e incontrollata.

Una tragedia.

Meloni, ripensando all'oggettiva eccezionalità di Pertini, dovrebbe però anche studiare tutta la sua biografia. Le sue lotte, le sue battaglie, in particolare contro il fascismo. Il quale, anzitutto per Pertini, non era un'opinione: era un crimine. Ieri, come oggi e come sempre.

Fino a quando Meloni non ne prenderà atto (e state pur certi che non ne prenderà mai *veramente* atto), sarà sempre un'ex fascista che, a domanda diretta sull'antifascismo, risponde nello stesso modo: facendo cioè un gran calderone con dentro vittimismo, complottismo e benaltrismo. Un dire apparentemente tutto ("Sono contro qualsiasi totalitarismo") per non dire assolutamente nulla.

Ma ha anche dei difetti

Giorgia Meloni è "l'astro nascente dell'estrema destra italiana". Lo ha detto nel 2021 il *Financial Times*, paragonandola a Marine Le Pen.

Giorgia Meloni è "la terza via blairiana di destra". Questo, invece, se lo è detto lei da sola.

Giorgia Meloni si batte per valori di destra, nazional-conservatori, nazionalisti e cristiani.

A livello internazionale ha rapporti positivi con vari politici di destra ed estrema destra europei: con l'ungherese Viktor Orbán (Fidesz), con lo spagnolo Santiago Abascal (Vox), con esponenti del partito polacco Diritto e Giustizia, con esponenti del Partito Repubblicano statunitense. È inoltre presidente del Partito dei Conservatori e dei Riformisti Europei di orientamento nazional-conservatore, di cui fanno parte anche gli spagnoli di Vox, i polacchi di Diritto e Giustizia, i bulgari del Movimento Nazionale Bulgaro.

Ha difeso e votato le leggi berlusconiane *ad personam* ("Bisogna contestualizzarle. Sono delle leggi che Silvio Berlusconi ha fatto per se stesso. Ma sono leggi perfettamente giuste". Sono parole sue).

È fortemente contraria al reddito di cittadinanza e al salario minimo.

Nel 2020, in occasione dell'anniversario della morte, ha commemorato la figura di Giorgio Almirante, storico leader del

Movimento Sociale Italiano, il quale durante il Ventennio fascista era stato caporedattore della rivista propagandistica *La difesa della razza*, che nel 1938 aveva pubblicato il *Manifesto della razza*.

Si è dichiarata contraria al matrimonio omosessuale, contro l'adozione da parte di coppie dello stesso sesso e alle misure di contrasto e prevenzione dell'omo-transfobia. Ha espresso sin dal 2018 la volontà di cambiare la Costituzione per rendere incostituzionale la famiglia omogenitoriale.

Si oppone a una società multiculturale, avendo anche sostenuto che la finanza speculativa abbia promosso un vero e proprio piano per destrutturare la società italiana e privarla della propria identità. È quindi contraria allo *ius soli* e allo *ius culturae* (ma non allo *ius scholae*: almeno quello).

Ha proposto il reato di "integralismo islamico", il divieto di indossare alcune tipologie di veli islamici per le donne musulmane e della predicazione degli imam nelle moschee in lingua diversa dall'italiano.

Sostiene l'esistenza della teoria del gender (anche se in una mitica conferenza stampa dimostrò di non conoscerla), è contraria all'introduzione di corsi di educazione sessuale nella scuola primaria e si oppone ai corsi scolastici di studi di genere e alle misure di sensibilizzazione scolastica nei confronti della comunità Lgbt.

Ha proposto il rafforzamento dell'istituto della legittima difesa in modo che venga considerata "sempre legittima". Ha pure proposto la castrazione chimica per stupratori recidivi e pedofili.

È fermamente contraria alla legalizzazione dell'eutanasia, alla legalizzazione della cannabis (anche di quella *light*) e alla maternità surrogata, proponendo una legge per rendere quest'ultima un "reato universale". Già che c'è, è contraria anche al divorzio breve, all'aborto farmacologico in *day hospital* e al biotestamento.

È favorevole a un aumento delle spese per la Difesa.

È favorevole all'abolizione dei senatori a vita.

Ha proposto l'abrogazione del reato di tortura dall'ordinamento giuridico italiano.

Però ha anche dei difetti.

Nera

La matrice

Il 9 ottobre 2021 la sede nazionale della Cgil a Roma viene assaltata e distrutta da alcuni partecipanti della manifestazione No Green Pass e da alcuni esponenti del partito neofascista Forza Nuova. L'obiettivo di questi criminali – un mix mefitico di fascisti, ultrà no vax e complottari del tutto privi di neuroni – è il decreto-legge approvato dal governo Draghi, che obbliga all'utilizzo del certificato Covid-19 digitale dell'Unione europea per poter accedere ai luoghi di lavoro.

A guidare il corteo contro la sede nazionale della Cgil è Giuliano Castellino, leader della sede romana di Forza Nuova, accompagnato da Roberto Fiore, capoccia nazionale del partito politico. Tra i geni c'è anche tal Biagio Passaro, sedicente leader del movimento IoApro, che filma in diretta il momento dell'irruzione. Ovviamente viene arrestato seduta stante, come Castellino, Fiore e altre nove persone.

Geni assoluti.

Dopo un fatto così grave, Donna Giorgia si fa ridere dietro da tutti (tranne che dai suoi giannizzeri più fedeli) perché condanna genericamente il gesto, sì, ma dice pure di non conoscerne la "matrice". Meloni è così: ogni volta che deve condannare il fascismo, si blocca come Fonzie quando doveva dire "ho sbagliato". Le accade quando parla del Duce, quando parla del

25 aprile, quando parla delle Fosse Ardeatine. Sempre. È più forte di lei.

La "matrice" di quell'attacco squadrista è ovviamente una matrice fascistona e nerissima, ma Meloni finge di non saperlo.

Pochi giorni dopo, *Report* e *Domani* rivelano l'amicizia (o quantomeno la conoscenza antica) tra Meloni e Castellino. Viene mostrata, in particolare, una foto che ritrae Meloni e Castellino l'una accanto all'altro, con il secondo a far quasi da Cicerone e uomo di scorta alla prima. L'occasione non era secondaria: la commemorazione nel 2009 dei fatti di Acca Larenzia, luogo molto caro alla destra.

Anche l'anno è importante: nel 2009 Meloni era ministra nel governo Berlusconi, quindi si fece accompagnare (o anche solo fotografare) da uno come Castellino in veste istituzionale, in qualità di rappresentante non della destra ma di tutti i cittadini italiani.

Che Meloni conoscesse Castellino è cosa che non stupisce: la città è la stessa, l'apprendistato è lo stesso. Ovvio che si conoscano. Ed è anche naturale che nel 2009 Castellino fosse lì: al tempo era un militante della Fiamma Tricolore, il partito che all'epoca gestiva l'ex sede del Msi di via Acca Larenzia.

Acca Larenzia (o Acca Larentia) è un luogo simbolo per la destra italiana. Il 7 gennaio 1978, proprio davanti alla sede di via Acca Larenzia, due giovani militanti del Msi – Franco Bigonzetti e Francesco Ciavatta – furono uccisi da un gruppo armato e poco dopo, durante gli scontri con la polizia, morì un altro giovane missino (Stefano Recchioni).

Era quindi normale, come ha scritto Luciano Capone sul *Foglio*, che la destra istituzionale – all'epoca Alleanza Nazionale – dovesse coordinarsi con chi gestiva la sezione per commemorare Acca Larenzia.

Non sono però normali, o per meglio dire non sono tollerabili, due aspetti. Il primo è che, ogni volta che Meloni deve prendere le distanze dagli elementi più irricevibili dell'estrema destra, non lo faccia mai (mai fino in fondo). Avrebbe potuto dire: "La mia destra non c'entra nulla con Castellino, personaggio per me irricevibile". Ma non lo ha detto: perché non può dirlo.

Il secondo aspetto è quel negare la matrice nera dell'attacco vigliacco alla Cgil. Una mossa a prima vista stupida e patetica ma, poiché Meloni è tutto fuorché stupida (patetica a volte sì), se ne evince pure in questo caso che certe cose non possa o non voglia dirle. Altrimenti perderebbe voti. Rinnegherebbe il suo passato. E qualcuno dall'alto, o per meglio dire la destra, le tirerebbe le orecchie.

L'amicone Bannon

Donna Giorgia ha un fiuto tutto suo per le amicizie straniere. Uno dei suoi maestri, anche se ultimamente tende a negarlo, è Steve Bannon. Un fascistone americano complottaro e senza scrupoli, mentore di Trump e guru dell'estrema destra mondiale (compresi Fratelli d'Italia e Lega).

Via via accusato di molestie sessuali, violenze domestiche e oltraggio al Congresso, arrestato per frode e cospirazione, questo esimio filantropo è stato ospite di Atreju nel 2018. Se è vero che Meloni ospita ad Atreju anche esponenti politici a lei molto distanti come Giuseppe Conte, oppure amici che certo non le lesinano critiche dure come Marco Travaglio, è ovvio che Bannon venne trattato con i guanti bianchi e con una deferenza particolarmente smodata.

Bannon, nelle interviste, sciorina massime a metà tra Goebbels e Osho. Ha più volte lodato Meloni. Una volta, in particolare, parlando di lei ha detto: "Ricordati il teorema Bannon. Metti una faccia ragionevole al populismo di destra e sarai eletta".

Aveva totalmente, e dannatamente, ragione.

Lobby nere e saluti romani

Nell'ottobre del 2021 *Fanpage* fa un'inchiesta – rilanciata giustamente da *Piazzapulita* – sulla cosiddetta "lobby nera" che ruota attorno a Fratelli d'Italia e Lega. Ne emerge un ritratto imbarazzante, da cui escono eticamente malissimo figure vicinissime a Meloni come Carlo Fidanza, ma pure Chiara Valcepina e i leghisti Max Bastoni, Angelo Ciocca e Silvia Sardone.

Figura chiave, nella prima puntata dedicata a Fratelli d'Italia, è Roberto Jonghi Lavarini, candidato alla Camera nel 2018, soprannominato "Barone Nero" e condannato nel 2020 a due anni per apologia del fascismo.

Il campionario mostrato dall'inchiesta è inequivocabile: espressioni mutuate dal gergo fascista, saluti gladiatori, commenti razzisti o sessisti, saluti romani, battutacce su Paolo Berizzi sotto scorta per le minacce ricevute dai fascisti. Una roba vomitevole.

Al netto delle eventuali implicazioni giuridiche, sulle quali si sta esprimendo chi di dovere, dopo quell'inchiesta le persone coinvolte avrebbero dovuto abbandonare la politica. O quantomeno chiedere scusa. A parte Fidanza, che per ora è uscito dai radar, gli altri son più o meno tutti lì. E qualcuno, da quell'inchiesta, ha persino tratto giovamento. Chiara Valcepina, per esempio, poco dopo le polemiche è stata eletta trionfalmente tra le file di Fratelli d'Italia come consigliera comunale a Milano.

Questo ci dice due cose. La prima è che Fratelli d'Italia se ne frega delle questioni morali, che derubrica quasi sempre come polemiche capziose orchestrate "dalla sinistra". Meloni, d'altra parte, reagì a quell'inchiesta sospendendo sì Fidanza, ma scagliandosi anche contro Formigli e – facendosi di nuovo ridere dietro dai più – chiedendo a *Fanpage* "tutto il girato", quasi che quanto trasmesso non bastasse per cacciare a calci dal partito i personaggi coinvolti.

La seconda cosa è che, per molti italiani, essere fascisti o far di tutto per sembrare fascisti non è una colpa ma un merito. Si pensi al successo elettorale di Valcepina, appunto, o al boom editoriale di Vannacci.

In Italia funziona così: quel che scandalizza la sinistra è benzina elettorale e decisivo boost propagandistico per la destra. Prima lo capiamo e prima (forse) ne usciamo.

Nomadare e transumare

È il febbraio del 2018. Giorgia Meloni è in tivù e regala ai posteri l'ennesima perla:

> Sui rom: molto semplice. Sei nomade? Devi *no-ma-da-re*, diciamo così. Se sei nomade non sei stanziale. Se sei nomade io ti attrezzo delle piazzole (sorride, *nda*) di soste temporanee, dove tu arrivi, ti agganci, paghi la tua luce, il gas e tutto quello che devi pagare come fa qualunque italiano, dopodiché quando hai finito di nomadare, transumi e vai.

Oltre alla grazia infinita di un tale ragionamento, la cui sottilissima (?) cifra xenofoba avrebbe certo esaltato quel fine intellettuale di Pino Rauti, affascinano qui due scelte stilistiche. La prima è il conio malamente ironico di "nomadare", che serve per accentuare il perculamento (e il disgusto) nei confronti dei rom. La seconda è l'uso del verbo "transumare", parola che come noto va usata per gli animali e non per gli esseri umani.

Curiosamente, ma credo non a caso, cinque anni dopo il mitico Andrea Giambruno, ex fidanzato di Meloni, userà su Rete 4 la parola "transumanza" accostato ai migranti.

Evidentemente in casa Meloni parlavano così.

Una lady di ferro vestita di nero

Il titolo di questo capitolo è tratto da un libro che vi consiglio, *Meloni segreta*, scritto dal bravo Andrea Palladino ed edito da Ponte alle Grazie. È uscito all'inizio del 2023. Contiene notizie oltremodo forti e inquietanti, figlie di un'inchiesta certosina, sull'ascesa e sul trionfo di Meloni. Attorno a Donna Giorgia, sin dall'inizio del suo percorso, si muovono non di rado personaggi ora equivoci e ora nerissimi. Sono 250 pagine che vi consiglio, per avere un quadro non tanto e non solo di Meloni (che non ha mai avuto problemi giudiziari), ma di non pochi esponenti del suo partito nonché di alcune figure che l'attuale presidente del Consiglio ha incrociato soprattutto nei suoi primi anni di/da politica.

Conoscere il retroterra, l'entourage, l'humus e il coté di un personaggio così rilevante nella storia del Paese dovrebbe essere un requisito fondamentale per tutti. Anche perché fornirebbe non poche risposte (e susciterebbe altrettante domande). Ma in Italia, si sa, la memoria storica dura tuttalpiù un nanosecondo, e ogni cosa – tranne le sciocchezze – va prontamente in cavalleria.

Il mio caro amico Orbán

"Combattiamo per difendere le famiglie e Dio". Lo ha detto Giorgia Meloni nel settembre del 2023, mentre se ne stava tutta garrula e orgogliosa accanto al suo grande amico Orbán. Un duetto omofobo, liberticida, fascista, caricaturale e irricevibile che sarebbe parso digeribile al massimo nel bar sghembo di *Guerre Stellari*.

Ora: detto che fatico a non ridere quando sento (nel 2023!) una che dice seriamente di voler combattere per difendere le famiglie (ma solo quelle "tradizionali" che piacciono a lei) e Dio (che dubito, ove esistente, abbia bisogno delle milizie delle Meloni e dei Donzelli), il fatto che Donna Giorgia si vanti di avere una sintonia totale con uno come Orbán è semplicemente aberrante. Oltretutto Orbán è uno che, in Europa, vota sempre contro tutto ciò che vorrebbe l'Italia (e quindi Meloni).

Un caso di bipolarismo politico, miopia strategica e cecità ideologica che non smette di inquietarmi. E al contempo inorridirmi.

Il cristianissimo Putin

Oggi Giorgia Meloni è una fedelissima degli Stati Uniti e della Nato. Sono lontani i tempi della destra sociale assai poco atlantista (per usare un eufemismo). Il governo Meloni obbedisce a tutto quello che dice Biden, con la scusa nobile (e a prima vista condivisibile) del voler stare fianco a fianco ai cittadini ucraini.

Meloni, e come lei Crosetto e i suoi, prova quindi oggi per Putin (che era così anche dieci o vent'anni fa, quando però era il miglior amico di Berlusconi) un fastidio evidente. Di colpo a destra hanno scoperto chi sia (sempre stato) Putin. Meglio tardi che mai.

Giova però ricordare quel che Meloni scriveva non nel 1996, ma due anni fa, nel suo best seller *Io sono Giorgia*.

"Putin difende i valori cristiani e l'identità cristiana".

Testuale.

Politicamente parlando, quella di Donna Giorgia è stata un'evoluzione prodigiosa: da "bimbaminkia" di Putin a scendiletto di Biden. Mica niente.

Sostituzione etnica

Quando il ministro (ahah) Lollobrigida parla ad aprile 2023 di sostituzione etnica, esplode la polemica. Ma è una polemica inutile: non perché le parole dell'impresentabile cognato di Donna Giorgia non siano gravi (sono gravissime), ma perché non contengono nulla di nuovo.

La destra italiana, e ancor più Meloni, parlano da sempre di sostituzione etnica.

Meloni lo fa una prima volta il 29 gennaio 2008, quando è vicepresidente di Alleanza Nazionale. Fini riunisce l'assemblea di partito e lei tira fuori dal cilindro la "grande emergenza": la "crisi demografica", "i potenti illuminati" e altre menate. Se la prende con Rifondazione Comunista e con Rosy Bindi, che "qualche mese fa diceva che noi per combattere la denatalità in Italia dobbiamo portare immigrati, perché gli immigrati fanno figli e le famiglie italiane no".

Secondo Meloni, "questa gente" – cioè la sinistra e i sedicenti "potenti illuminati [che] non si confrontano mai con il popolo italiano" – "non si pone il problema di una nazione che sta rischiando di scomparire". Mentre invece lei ha a cuore la difesa della razza, dell'etnia e della nazionalità italica. Neanche Starace nel Ventennio avrebbe potuto dirlo meglio.

La destra italiana ha sempre avuto la fissa complottara secondo cui i migranti – sobillati dalla sinistra, da Soros, dai potenti illuminati e credo anche da Drupi – vorrebbero "sostituire" la popolazione italiana.

E c'è pure chi ci crede!

La "sostituzione etnica" – scrive Palladino nel suo libro – è

> un'evoluzione e un aggiornamento del pensiero "anticosmopolita" promosso da Meloni anni prima, nel suo ruolo di coordinatrice del movimento Azione Giovani, quando richiamava concetti quali la guerra del "sangue contro l'oro". La destra, in altre parole, è popolo, sangue, tradizione; la sinistra è élite borghese, potere finanziario, un cartello di "cosmopoliti" in guerra contro le nazioni.

Meloni va avanti con la boiata colpevole della "sostituzione etnica" da più di vent'anni. Uno dei passaggi più noti, non di rado ritrasmessi in tivù, è quello del 29 gennaio 2017, quando durante la manifestazione "Italia sovrana" a Roma arrivò a dire:

> Quella che abbiamo visto in Italia [...], 500mila immigrati in tre anni [...], è un'invasione pianificata e voluta. Anche qui, seguitemi nel ragionamento, la solidarietà non c'entra niente. La ragione per la quale fanno entrare centinaia di migliaia di immigrati è che è manodopera a basso costo per il grande capitale che usa quegli immigrati per rivedere al ribasso i diritti dei lavoratori italiani. Si chiama sostituzione etnica! E noi non la consentiremo!

Una "tesi" che Meloni ha ripetuto più volte, senza alcuna vergogna, molto prima e molto "meglio" (ci vuol poco) di Lollobrigida. Per esempio in un'intervista a Radio Cusano Campus del 2019, quando ripeté lo stesso concetto espresso due anni prima a Roma ma aggiunse i nomi dei colpevoli:

> C'è un movimento organizzato. Ci sono mondi, realtà che lavorano per trasportare, muovere verso l'Europa centinaia di migliaia di africani oppure pakistani, afghani, medio-orientali eccetera, perché hanno un disegno. [...] Non è un caso che a finanziare questo movimento, le Ong e compagnia [...], ci siano i George Soros, cioè la grande finanza speculativa.

Allucinante.

Egemonie culturali

Giorgia Meloni ha molti nervi scoperti: l'antifascismo, la classe dirigente, Gianfranco Fini. Eccetera.

Uno dei tasti più dolenti è per lei l'egemonia culturale, ovvero il tentativo disperato di dimostrare inequivocabilmente che la cultura non è un'esclusiva della sinistra. Certo che non lo è, ma se negli ultimi quarant'anni non hai partorito nulla (o quasi) se non Pino Insegno, Luca Barbareschi e Lorella Cuccarini, e se sei così alla canna del gas da spacciare Marcello Veneziani per Heidegger e Vittorio Sgarbi per intellettuale, qualche domanda dovresti portela.

Meloni – che a differenza di molti dei suoi è intelligente – se la pone e, rendendosi conto che attorno a sé ha solo Donzelli e Senaldi, si rifugia nell'ascolto di Gaber (che di destra proprio non era) e Battiato o Guccini (idem).

Il desiderio di vendetta però rimane. Ed ecco allora l'occupazione *manu militari* di tutto ciò che è o sembra fare cultura: la Rai, per esempio. Le accuse di epurazioni e censure, per i La Russa, sono lusinghe e serenate. Più gli dici che sono antidemocratici e più se ne compiacciono. Anzitutto quando si tratta di cultura.

La risposta dei meloniani all'egemonia culturale di sinistra, autentico spauracchio atavico e spina nel fianco sempiterna, non è rispondere con un controfenomeno culturale: non ne hanno voglia, non ne avrebbero i mezzi.

Cosa pretendete da un mondo dove gente come Mollicone o anche solo Facci passa per "colta"? Siamo proprio alla tabula rasa non elettrificata.

La risposta dei meloniani all'egemonia culturale è un'altra: la vendetta. La più banale ed "efferata" vendetta. Prendersi la Rai. Lasciar morire i teatri e tutti quei luoghi cari anzitutto alla sinistra. E occupare tutto quel che c'è da occupare: non per desiderio di cultura, ma per sete di vendetta.

I post (post?) fascisti sono stati all'opposizione per quasi settant'anni, al di là di esperienze di governo vissute (con Tambroni o con Berlusconi) in posizioni di rincalzo. Ora che ci sono loro al timone, state pur certi che – metaforicamente parlando – non faranno prigionieri. Se ne fregheranno delle critiche. E si vendicheranno in ogni modo democraticamente possibile.

Auguri.

Che frignona 'sta Meloni

Quanto piange, Meloni. Quanto piange! La sua è proprio una frignata continua. A volte, poi, le parte proprio l'overdose da lacrima. Tipo qui:

> In pratica, si parte dall'idea che devi dimostrare di non essere razzista *nonostante* tu sia di destra. Perché da 75 anni nell'immaginario collettivo il razzismo è uno stigma che appartiene a una sola parte politica e culturale: se sei di destra sei anche immancabilmente razzista, intollerante, xenofobo. [...] Nel racconto superficiale della storia che va in voga dal dopoguerra, è come se improvvisamente il razzismo si fosse abbattuto nella società con le camicie brune hitleriane, successivamente imitate e seguite da quelle nere mussoliniane, poi entrambe sconfitte dai *buoni* del mondo che fecero la guerra contro i *cattivi*.

Questo passaggio è semplicemente esilarante. E al tempo stesso rivelatore: a Donna Giorgia, qui, è proprio scappata la frizione.

Una tale ricostruzione non è solo storicamente da asina (fu Hitler a imitare Mussolini e non fu certo il fascismo a divenire "successivamente" razzista per emulare il nazismo), ma è pure un rosicamento dell'ottavo grado della scala Mercalli. E fa paura che, seppur in maniera larvale, Meloni neghi che chi combatté il nazifascismo incarnò il "bene" (pur con tutte le sue contraddizioni) e Mussolini e Hitler fossero il Male.

Povera lei, poveri noi.

E come termina questa brodaglia di luoghi comuni destrorsi? Con la solita frignata sull'egemonia culturale *de* sinistra: "Questa rappresentazione unilaterale è figlia dell'egemonia culturale che l'ideologia progressista ha saputo imporre sin dal dopoguerra".

Amica mia, io lo capisco che vorresti che la storia la insegnassero solo Feltri e La Russa, ma forse esiste un limite perfino all'indecenza argomentativa di voi reduci missini.

Un po' Draghi e un po' Farinacci

Dopo aver promesso mari e monti per più di dieci anni, la leader di Fratelli d'Italia – una volta al governo – è diventata oltremodo mansueta e ha fatto due cose molto rivelatrici: agli Esteri ha piazzato il più americanista dei ministri, e all'Economia ci ha messo quello più gradito (e prono) all'Unione europea. In questo modo ha tradito il mandato elettorale, ma si è anche furbamente blindata col resto del mondo, placando in partenza (per ora) le paure che suscitava e suscita un governo italiano così spostato a destra.

Una volta regalato agli Usa Tajani e all'Europa Giorgetti, Meloni ha lasciato che il suo nazionalismo da operetta moscia potesse scatenarsi in continue sparate patetiche e baruffe chiozzotte orchestrate dai suoi ministri più caciaroni. Nelle cose serie (Esteri ed Economia) si è calata in partenza le braghe, in tutto il resto gioca a fare la *ganassa*.

In estrema sintesi: Meloni è solo chiacchiere e distintivo. O, se preferite, una finta rivoluzionaria ridottasi a inquietante Giano bifronte: un po' Draghi e un po' Farinacci.

Ci manchi, Mimmo

Domenico De Masi se n'è andato sabato 9 settembre 2023. Al *Fatto Quotidiano* gli volevamo bene, era un amico e un maestro. La sua scomparsa, accaduta proprio durante la festa del *Fatto* a Roma, ci ha addolorato oltremodo. "Mimmo" era una persona divertente, lucida e instancabile. Era una fortuna parlarci ed era prezioso leggerlo e ascoltarlo. Andava spesso in tivù, e aveva sempre un punto di vista arguto.

In una delle sue ultime interviste, uscita peraltro postuma, De Masi ha regalato all'amico Claudio Gubitosi (e a tutti noi) un'analisi come sempre calzante di questo nostro presente malato. "In Italia oggi abbiamo tre destre che come comune denominatore tendono a essere neoliberiste. Hanno capito che gli conviene marciare separate e al momento delle elezioni mettersi insieme e vincere". Poi ci sono tre sinistre.

> Il Pd radicato più tra le classi medie, elemento spesso criticato ma che secondo me è un vantaggio. Perché la classe media è investita dal vento della precarietà e se non ha un baluardo come il Pd vota Meloni. Il Pd ha quindi il compito di bloccare il passaggio delle classi medie verso le destre. E poi il Movimento 5 Stelle, che si è dato come impegno quello verso il proletariato, e ha capito che si va verso un mondo senza lavoro e quindi bisogna puntare sul reddito universale.

Infine, "c'è una terza sinistra, molto vivace e fatta di cespugli, come quelli di De Magistris o Speranza. Tendono a conservare la dimensione movimentista e un legame con le origini ideologiche. Se queste tre sinistre restano tre sinistre autentiche" e poi al momento del voto "si mettono insieme allora possono prevalere". I prossimi anni, conclude, "saranno una lotta tra questa sinistra frammentata e questa destra ancora infiltrata da residui fascisti".

Proprio così.
Ci manchi, Mimmo.

Ma cos'è la destra, cos'è la sinistra

Perché la sinistra si divide sempre e la destra mai? Perché a sinistra ci si sparpaglia puntualmente prima di ogni elezione e quegli altri (che peraltro in privato si odiano) fanno ogni volta muro e squadra?

Per rispondere a tale annosa domanda, bisogna provare a capire cosa siano oggi destra e sinistra.

Giorgia Meloni, su questo, ha le idee molto chiare. Persino troppo. A Sallusti, che le chiede cosa sia per lei la sua destra, Meloni risponde: "È il campo del reale". Contrapposto a cosa? "Alle utopie della sinistra".

Facile, no?

Per Meloni, quindi, la sinistra pensa ai massimi sistemi (e a ciò che è irrealizzabile), mentre la destra è concreta e risolve problemi come il Mister Wolf di *Pulp Fiction*.

Mica cotica.

Tale tesi, che è peraltro condivisa – con parole diverse – anche da Marcello Veneziani, è invece confutata dal professor Marco Tarchi. Non certo un bolscevico. Nel bel libro *Destra e sinistra*, curato da Domenico De Masi per PaperFirst, Tarchi constata la portata semplicistica di una tale ripartizione meloniana e (non lesinando analoghe critiche anche alla sinistra) scrive con arguzia:

Giorgia Meloni, o chi le ha scritto il libro o chi ha collaborato a scriverlo (sappiamo perfettamente tutto ciò che riguarda le autobiografie dei politici), tenta di dare un fondamento alla per lei assolutamente indispensabile bipartizione dello spazio politico di competizione (mi si scusi il ricorso al gergo politologico: ovviamente lei non lo chiama così) tra sinistra e destra. E qual è il grado minimo di questa differenza che propone? Da una parte, nella destra, c'è il realismo; dall'altra parte c'è l'utopia. La destra sa come va il mondo e lo vuole affrontare come tale. La sinistra non lo capisce e si inventa dei panorami, dei processi, degli scenari utopici che poi portano a disastri.
Una cosa che mi ha colpito molto è il semplicismo estremo con cui la Meloni raffigura in alcuni passaggi l'avversario, cioè la sinistra. Un tipo di schematismo e anche di rozzezza che francamente, sulla base delle letture che ho fatto nel corso dei decenni di testi di destra, anche della destra politica, credevo fosse stato abbandonato. Mi accorgo però che anche nella sinistra serpeggia un po' lo stesso atteggiamento, consistente nel ridurre a feticci, a mere caricature, le rappresentazioni dell'altro da sé.

Davvero è come dice e ripete Meloni? Davvero la destra vince e convince in quanto ancorata al reale, mentre la sinistra si perde in elucubrazioni fini a se stesse che sfociano non di rado – scusate – nella squisita e onanistica pippa mentale?

C'è del vero. Di sicuro la destra è più assertiva, sloganistica e furbina. Dunque più convincente.

Credo però che ci sia anche un altro motivo: se la destra tende a compattarsi e la sinistra a frastagliarsi, non è solo per il masochismo (innegabile) della seconda ma anche per un dato oggettivo che alla destra piacerà poco. La sinistra tende a dividersi (molto) più della destra perché, in buona sostanza, pensa molto di più, spacca il capello in quattro molto di più e – in ultima istanza – ha molte più idee, stimoli e intuizioni della destra. E questo è un bene se si è intellettuali, ma spesso un "male" se si vuol vincere un'elezione (e per vincerla serve quasi sempre un'alleanza composita).

Questa tesi l'ho ritrovata espressa maggiormente in un ottimo saggio di Sara Lucaroni, intitolato *Sempre lui* ed edito da Pienogiorno. Un'analisi lucida, esaustiva e intellettualmente onestissima sul fascismo di ieri e di oggi. Il saggio di Lucaroni ospita anche i contributi del professor Luciano Canfora. Vi riporto un passaggio che trovo meravigliosamente lucido nella sua impietosa ironia.

> Tutti i movimenti che hanno idee si scindono. In quelli che non ne hanno, non avremo mai scissioni. Io non ho mai saputo di una scissione liberale. I liberali non hanno idee, l'unica idea è: fate il vostro comodo. Cosa molto banale, allora non ci si può scindere. Quando ero giovane, il suo segretario faceva le riunioni del suo partito nella sede della Confindustria, direttamente, neanche il pudore di andare in un teatro. Loro sono un caso a parte. Anche i democristiani hanno avuto scissioni, discussioni, discussioni vere di gente che crede in quello per cui si batte.

"Tutti i movimenti che hanno idee si scindono": ma se in un movimento le idee possono arrivare al massimo da Donzelli, Sangiuliano e Gasparri, come diavolo fa a scindersi?

L'underdog che ce l'ha con gli underdog

Underdog

È giusto che Giorgia Meloni sottolinei il suo essere un'underdog. Ovvero una sfavorita, una non predestinata, una che si è fatta da sola, è partita dalla provincia, non ha avuto santi in paradiso e ce l'ha fatta contro i pronostici unicamente coi suoi mezzi.

È giusto. Deve andarne fiera.

Mette però tristezza che, una volta raggiunto il potere, si comporti come il giudice di De André. Oppure come quelli che facevano il Sessantotto non per migliorare il mondo, ma per conquistare il potere e sostituirsi ai potenti (reiterandone le ingiustizie).

Ora che Meloni è potente, non solo non si ricorda (se non per motivi propagandistici) di essere stata un'underdog, ma si impegna strenuamente per colpirli o comunque complicar loro la vita: i poveri, gli sconfitti, le minoranze. Tutti quelli che non hanno santi in paradiso. Tutti quelli che sono com'era un tempo ormai lontano Giorgia Meloni.

Una sfida continua

"Quando guardo indietro, mi accorgo che la mia vita è stata una sfida continua".

Sono parole di Meloni. Che ama proprio ripetere quanto sia stata brava a farsi tutta da sé, contro tutto e contro tutti. Un altro artificio retorico e propagandistico per ora assai redditizio.

Partendo da dati veri, Donna Giorgia si dimentica per esempio di riflettere su come l'immagine di una donna che affronta ogni volta una sfida cozzi non poco con la realtà inequivocabile di una ventottenne dotata che, dall'avvento di Berlusconi nella scena politica, si è ridotta per anni quasi a "cagnolino" mansueto del potentissimo Silvio per conquistare ruoli di potere, accettando non di rado lo svilimento pressoché completo delle battaglie di un tempo.

Meloni sognava di essere un personaggio della Compagnia degli Anelli, ma per quasi vent'anni si è comportata come un Emilio Fede qualsiasi. E lei lo sa benissimo.

Silvio & Giorgia

Giorgia Meloni ha usato parole di grande affetto nel ricordare Silvio Berlusconi dopo la sua scomparsa. È comprensibile ed è umano. Negli ultimi anni, Meloni si è anche più volte smarcata dal leader di Forza Italia, per esempio quando gli ha ricordato a inizio governo che lei non era "ricattabile", dopo che Berlusconi non aveva gradito la poca rilevanza data a lui e ai suoi nell'attuale legislatura.

Meloni gradì anche pochissimo la famosa scena in cui Berlusconi elencava teatralmente tutte le cose pronunciate ai giornalisti da Salvini dopo le consultazioni con il capo dello Stato. Era una maniera di rubare la scena a Salvini e Meloni, e l'attuale presidente del Consiglio si arrabbiò moltissimo con Berlusconi dopo quella performance (lo raccontò anche a me pochi giorni dopo).

Giorgia Meloni ha la sua libertà intellettuale e l'ha esercitata anche con Berlusconi al crepuscolo. Ma non l'ha mai esercitata quando Berlusconi dominava malamente il Paese. Fino al governo Monti è stata politicamente prona ai voleri del Sire di Arcore.

In rete circola un comizio durante il quale, sul palco, Berlusconi la cerca e la chiama per averla accanto. Sono ancora in molti a credere che, in quell'evento del 2009, Berlusconi la chiamò addirittura "zoccola", con Giorgia Meloni che reagì mettendosi addirittura a ridere. È un falso storico: Berlusconi – ci sono i video e più ancora gli audio – dice: “Dov’è la piccola? La piccola (cioè Meloni, *nda*)... vieni qua!”.

Meloni non avrebbe mai accettato di essere chiamata in quel modo. Figuriamoci. Meloni ha – però e purtroppo – avallato tutte le porcate politiche di Berlusconi. E questa immensa colpa storica non sarà mai emendabile.

Elsa & Ruby

Giorgia Meloni ama presentarsi come "nuova", ma nonostante l'età lo è ben poco: è deputata da quasi trent'anni e ha votato tutta la monnezza partorita negli anni Novanta e Zero da Berlusconi, a partire dalle leggi *ad personam*. Meloni è sempre stata convinta di come quelle leggi fossero giuste e necessarie, credendo alla bugia immonda secondo cui Berlusconi fosse un martire della magistratura.

I capolavori della "nuova" Meloni sono però soprattutto due. Il primo è avere votato la riforma Fornero, salvo poi "pentirsene" e fingere ogni volta di non averla mai avallata in Parlamento.

Il secondo è avere votato Ruby nipote di Mubarak, ovvero uno dei punti più bassi nella storia della Repubblica italiana. Ecco: in un Paese normale, un politico che ha votato una simile boiata come minimo dovrebbe vergognarsi in eterno, chiedere scusa e possibilmente ritirarsi. Magari in Abissinia, così forse si sentirebbe pure a casa. O comunque in un'epoca storica assai gradita.

Una Berlusconi coi capelli biondi

Quando parla di giustizia, Meloni è uguale a Berlusconi. Ma proprio identica. Figlia oltremodo legittima di quel maestro lì e quella politica lì.

Praticamente Giorgia Meloni, tra un travestimento e l'altro (ora draghiana, ora atlantista e ora financo europeista), quando discetta di giustizia diventa pari pari una Berlusconi coi capelli biondi.

Che meraviglia.

Proprio come un Renzi qualsiasi

Prima di vincere le elezioni, Giorgia Meloni andava in tivù ovunque. Era minoritaria nel Paese, non poteva accampare chissà quali pretese e stava al gioco. Le dava e le prendeva. Quando era al governo con Berlusconi era molto spavalda e saccente, e così mi parve in maniera evidente quando me la trovai davanti la prima volta in tivù.

Anno 2012, Rete 4, credo fossimo ospiti di Paolo Del Debbio (e mi pare di essere andato da Paolo solo quella volta). Durante un pranzo del 2018 (poi ve lo racconto), Meloni tornò su quello scontro e scherzò con me e la mia compagna, dicendo che al tempo non mi conosceva e per questo mi sottovalutò: "Mamma mia, mi trovo davanti questo qua (parlava con la mia compagna)... *'na jena*!". Fu molto simpatica e mi fece ridere, rievocando quell'aneddoto televisivamente guerreggiante.

Negli anni di Renzi, mi capitava non di rado di trovarmi d'accordo con le sue critiche a quel governo orrendo e sommamente colpevole. Una volta, a *Ballarò* su Rai 3 (conduceva Massimo Giannini, prima che i renziani lo facessero fuori), a fine puntata Mario Calabresi – per distacco il peggior direttore che abbia mai avuto e una delle persone per me più umanamente deludenti in tutto il globo terracqueo – mi disse: "Andrea, ti rendi conto che stasera sei stato più duro con me che con la Meloni?".

Gli risposi così: "Lo so benissimo. E lo rifarei anche adesso: tu sei molto peggio di lei".

Ma sto divagando. Scusate.

Tra il 2013 e il 2018, Giorgia Meloni è stata un'agitatrice televisiva quasi mai banale e spesso (nella *pars destruens*) condivisibile. Certo: non appena parlava della sua idea di vita e società c'era da spararsi, ma tanto non era al governo. E mai all'epoca avrei e avremmo immaginato che sarebbe stata abilmente in grado di raggiungere un simile consenso così rilevante dal punto di vista numerico.

Meloni cambia radicalmente atteggiamento non tanto con il Conte-1, ma con il Conte-2. Lì diventa acida, astiosa, vendicativa e violentissima nella sua idea malmostosa e malamente fumantina di opposizione. Ci allontaniamo, e tutto sommato pazienza (per noi e per voi). Fa parte del gioco e della vita.

Giorgia Meloni resta però un politico che accetta di andare ovunque in tivù. Si inalbera da morire quando le si pongono domande sul fascismo (lo fece anche ad *Accordi&Disaccordi* nel 2019, soprattutto a fine puntata con la sua assistente), ma sta al gioco.

Dal 2021, con Draghi, lentamente cambia tutto. Lei sale nei sondaggi, si sente trattata troppo male dalle Gruber e dai Formigli (e dagli Scanzi). E comincia a sbattere la porta in faccia a chiunque non la voti o comunque non la adori. Va solo a Rete 4 e, finché c'era, da quel tale che andava in onda la domenica su La7 e si inventava casi per gambizzare mediaticamente colleghi sgraditi e politici invisi.

Poi, una volta vinte le elezioni, Meloni si comporta proprio come un Renzi qualsiasi: affida la comunicazione quasi solo a patinati monologhi social, rifugge finché può le conferenze stampa (e quando le fa raccatta figure barbine tipo a Cutro). E si vanta di non parlare con questo e quello, regalando avvincenti non-interviste unicamente ai Porro & Sallusti, che stanno a lei come i Fusani e Lavia (o i Calabresi) stavano a Renzi.

Giorgia Meloni avrebbe potuto essere una presidente del Consiglio diversa dai suoi predecessori di destra e sinistra, pronta a parlare con tutti, anche e soprattutto con chi non la ama granché. Ne sarebbe uscita benissimo. Ma ha preferito comportarsi come una Boschi più preparata (ci vuol poco), ieri fanfaniana e ora almirantiana.

Peccato.

Essere poveri è diventata una colpa

> Pensavo che Meloni si rifacesse a una visione sociale dell'economia e che fosse legata all'idea di un'economia di Stato, più che di mercato. Invece si sta dimostrando la più neoliberista dei premier che abbiamo avuto negli ultimi anni. Persino più di Letta, Monti o Draghi. Il principale bersaglio sono le classi povere e la visione di questa destra sembra suggerire che la povertà sia quasi una colpa. Una cultura weberiana, protestante, che contrasta con la visione cristiana alla quale, bene o male, il fascismo e i neofascisti si sono sempre rifatti.

Sono parole, ancora, di Domenico De Masi in una delle sue ultime interviste a Tommaso Rodano per *il Fatto Quotidiano*. Provate a confutarle: non ci riuscirete. Purtroppo.

Che bella musica

Dialogo tra un impegnato e una non so

Giorgia Meloni adora Giorgio Gaber.

La cosa potrebbe infastidirmi parecchio, tenendo conto di quanto io ami smodatamente il Signor G.

Ma, al contrario, non mi infastidisce.

Meloni lo conosce veramente. Non è come i Renzi, che citano al massimo *La libertà* e forse *Destra-sinistra*. No: Meloni conosce tutto Gaber, anche e soprattutto quello teatrale che va dal 1970 al 2000, scritto sempre in coppia con Sandro Luporini. Quello era e resta il *vero* Gaber, o comunque il Gaber più importante e irrinunciabile.

Meloni ha fatto interventi puntuali e precisi su Giorgio per la Fondazione Gaber, più o meno alla fine degli anni Zero. E ho avuto modo di scoprire di persona quanto lo conosca nei meandri. Una volta, nel 2016, Meloni venne a vedere un mio spettacolo al Teatro Vittoria di Roma. Si intitolava *Il sogno di un'Italia* e si concludeva con *Il cancro*, la canzone-fiume che poneva fine allo spettacolo del '76 *Libertà obbligatoria*. Nel mio spettacolo la eseguiva, con grande partecipazione e maestria, Giulio Casale. A tarda notte, Meloni mi scrisse un messaggio WhatsApp che recensiva lo spettacolo e inquadrava soprattutto l'importanza di Gaber. Mi colpirono la competenza, la profondità e la sfaccettatura di pensiero che esondavano da quelle parole. Conservo ancora con piacere quel messaggio.

Apprezzo molto l'amore che Meloni ha per Gaber. È uno dei motivi per i quali, pur contestandone quasi ogni sua mossa, ho nei suoi confronti un rispetto umano che mai avrò per troppi suoi commilitoni. Ma è anche uno dei motivi per i quali, per certi versi, Meloni è più colpevole di Salvini e Renzi. Salvini è Salvini, oltre un certo livello non può arrivare. E Renzi è Renzi: un gattopardo travestito male da quasi ribelle, un Berlusconi che non ce l'ha fatta, un amico di bin Salman e un *demolition man* in servizio permanente: il peggio del peggio. Cosa puoi aspettarti da gente così, se non il più totale e reiterato disastro politico?

Meloni poteva permettere alla destra un'evoluzione politica, etica e culturale. Le sarebbe bastato non solo ascoltare, e spesso capire, ma anche e soprattutto applicare gli insegnamenti – il dubbio, l'intenzione del volo, il coraggio, la più brutale onestà intellettuale – di Giorgio Gaber e del suo fido compagno di viaggio Sandro Luporini.

Avrebbe potuto applicare alla politica le rivoluzioni e le iconoclastie del Signor G. Avrebbe potuto anche solo provarci. E invece no. Ha preferito amarlo follemente in privato, per poi comportarsi in pubblico come una che ascolta al massimo (con tutto il rispetto del mondo) Al Bano e Rita Pavone.

Lei è meglio di Lennon

Sembra impossibile, ma c'è stato un tempo neanche troppo lontano in cui tal Susanna Ceccardi, pasionaria leghista e sorta di Meloni salviniana che non ce l'ha fatta, stava per diventare presidente della Regione Toscana. Sono toscano e lo ricordo molto bene.

Quando Ceccardi era sempre in tivù, fece ridere il mondo per il suo attacco a *Imagine* di John Lennon, da lei reputata canzone odiosamente comunista e marxista.

In realtà, una volta tanto, Ceccardi non disse una sciocchezza, ma espresse male (ovvio) una cosa che aveva un fondo di verità. Lennon, parlando di quel brano così straordinario, disse:

> *Imagine*, chė dice: "Immagina che non esistano più religioni, nazioni, o politici", è virtualmente il manifesto del Partito comunista, anche se io non sono particolarmente comunista e non appartengo a nessun movimento politico [...]. Non esiste un vero stato comunista al mondo; bisogna capirlo. Il socialismo del quale parlo io [...] non è quello messo in atto da qualche sciocco russo, o cinese. Quello potrebbe soddisfare loro. Noi, invece, dovremmo avere un gentile [...] socialismo britannico.

Anche Meloni si è espressa sul tema (e se ne sentiva davvero il bisogno). Uno dei passaggi più esilaranti della sua biografia è proprio quello su *Imagine*. Meloni parte con un pippone sulla canzone, dicendo in estrema sintesi che la canzone le piace, sì, ma a pensarci bene non la convince sino in fondo. Tutt'altro. E perché? Per questo motivo:

> Rifletteteci un attimo. È davvero un sogno da realizzare un mondo senza confini, senza distinzioni, privo delle sue culture millenarie e delle sue tradizioni, nel quale siamo tutti non uguali nei diritti, ma uguali e basta? È davvero ciò a cui dobbiamo tendere, rinunciare alla centralità della persona umana, alla sua unicità, diventare tutto e non essere niente, se non anelli di una catena di montaggio, semplici numeri, privi di consapevolezza e radici?

Meloni prosegue il sermone arrivando a sostenere che, in buona sostanza, Lennon in *Imagine* sogna un mondo dove saremmo tutti schiavi: un vero e proprio "Produci, consuma, crepa", proprio come cantava Giovanni Lindo Ferretti con i CCCP.

Ovviamente Lennon non dice questo, nella sua canzone, ma la sua utopia socialista è evidentemente qualcosa di troppo complicato (o magari solo troppo indigesto) per Donna Giorgia. Che, con non inedita comicità involontaria, arriva a chiudere il sermone così: "No, il mondo preconizzato dal leader dei Beatles non è la mia utopia".

E qui, dopo siffatte parole, par di sentire un nitido gigantesco "e sticazzi?". Oppure, se preferite, il "mo' me lo segno" di Massimo Troisi in *Non ci resta che piangere*.

No, anche Vedder e Battiato no!

Nel suo libro *Io sono Giorgia*, Meloni contrappunta i suoi ricordi e le sue elucubrazioni politiche citando alcune delle sue canzoni e dei suoi autori preferiti. C'è Mia Martini. C'è Francesco De Gregori. C'è perfino Eddie Vedder – con *Society* –, ovvero uno dei brani più libertari e anarchici di sempre. E c'è addirittura *Povera patria* di Franco Battiato, canzone portentosa della quale Meloni non ha forse compreso appieno quel passaggio spietato e attualissimo sulla "gente infame, che non sa cos'è il pudore / si credono potenti e gli va bene quello che fanno".

A marzo 2023, per la festa di compleanno del fresco cinquantenne Salvini, Meloni cantò pure con l'alleato (chiamiamolo così) *La canzone di Marinella* di Fabrizio De André, un momento oltremodo tremebondo sia per la resa artistica del karaoke che per la scelta eticamente rivedibile di darsi alla pazza gioia poche ore dopo la tragedia di Cutro (oltretutto cantando un brano che parla di una donna ritrovata morta in un fiume).

È ovvio – e ci mancherebbe – che le canzoni siano di tutti. Però mi domando: quanto bipolarismo morale serve per apprezzare questa musica e al tempo stesso battersi per una politica che va quasi sempre in direzione opposta?

Non lo capirò mai.

Babbo Natale non esiste, e la colpa è di Guccini

Un altro passaggio esilarante della biografia di Meloni riguarda Francesco Guccini.

La nostra eroina ci racconta di avere una colonna sonora della sua vita molto corposa e di amare tutti i generi: "Dall'opera lirica all'heavy metal, dal pop più sdolcinato alla cosiddetta musica identitaria, come quella di Marcello De Angelis o degli Aurora, che ha accompagnato tutta la mia adolescenza".

Calma, fermi un attimo: Marcello De Angelis non è un personaggio qualsiasi. Tutt'altro. Nato nel 1960, per un po' De Angelis ha curato la comunicazione della Regione Lazio a guida destrorsa di Rocca, salvo poi essere costretto a togliere il disturbo perché ad agosto 2023 aveva di nuovo negato la matrice nera della strage di Bologna. Cognato di uno dei condannati per quella strage (Luigi Ciavardini), il "cantautore" De Angelis ha militato pure lui per un po' nel Fronte della Gioventù. E magari si fosse limitato a questo. Esponente di spicco di Terza Posizione, ovvero un movimento neofascista eversivo, si è fatto svariati anni di galera per associazione sovversiva e banda armata prima in Inghilterra (dove aveva cercato di scappare) e poi in Italia. Uscito di galera nel 1992, a trentadue anni, ha ricominciato serenamente l'attività giornalistica (per esempio accanto a Marcello Veneziani). È stato direttore del *Secolo d'Italia* e firma di *Libero* e *Il Tempo*. Eletto nel 2006 senatore con Alleanza Nazionale e poi deputato nel 2008. Molto vicino alla destra sociale di An e a Gianni Alemanno.

Meloni lo conosce e lo stima. E già questo basterebbe. Lei però, nel suo libro, parla di "musica identitaria" di De Angelis. A cosa si riferisce? Dopo aver scontato la condanna, all'inizio degli anni Novanta De Angelis scoprì che le canzoni che aveva registrato su una cassetta erano molto ascoltate in ambienti di destra (Meloni compresa). Fondò quindi il gruppo musicale 270bis, il cui nome è tratto dall'articolo del codice penale riguardante associazioni sovversive con finalità di terrorismo anche internazionale o di eversione dell'ordine democratico.

Molti dei pezzi del gruppo 270bis sono stati scritti nel periodo di latitanza a Londra e incisi su un'audiocassetta in modo amatoriale... I pezzi entreranno poi a far parte del primo album del gruppo, *Signori della guerra*, uscito nel 1995. De Angelis ha anche dedicato una canzone a Rigoberto López Pérez, l'assassino del dittatore Somoza in Nicaragua, intitolata *Il poeta* e scritta negli anni Settanta.

I suoi testi sono orgogliosamente nostalgici del fascismo e a tratti violentemente antisemiti. Esempio (del 1995): "Troppo ci pesava portare sulla schiena / il dominio di una razza di mercanti. [...] / Gridano Shalom bruciandoci le case, / cantano pace e ci violentano le donne".

Giorgia Meloni ascoltava roba simile. E lo rivendica pure con orgoglio (mentre nel frattempo, con la guerra in Medioriente che torna in primo piano, gioca a quella che è sempre stata vicina alla causa di Israele e del popolo ebraico).

Dopo aver citato questo esimio De Angelis, Meloni rivela di amare anche Guccini. Il solito bipolarismo musicale e culturale: "Forse sorprenderà, ma di pochi cantautori conosco tante canzoni a memoria come quelle scritte da Francesco Guccini.

Tanto che usai proprio una citazione del suo *Cirano* per chiudere la relazione congressuale con la quale mi candidavo alla guida di Azione Giovani".

Chissà come sarà stato contento Guccini nell'apprendere una simile notizia.

Attenzione, perché qui sta per arrivare il dramma: Meloni scopre che Babbo Natale non esiste, e la colpa è proprio di Guccini. Tenetevi forte, perché qui si sogna proprio.

Poiché Meloni ama le sue canzoni, dà inspiegabilmente per scontato che Guccini ne abbia stima. Poi però capita che nel 2020, per scherzo, Guccini canticchi *Bella ciao* e aggiunga al testo i nomi di Meloni, Salvini e Berlusconi "accompagnati dall'invito a esser 'portati via' dai partigiani". Conosco bene Francesco e posso confermare che, quando è tra amici, si diverte a cantare brani popolari, e non di rado li "aggiorna" con riferimenti politici legati alla contemporaneità.

Il video di quell'esecuzione diventa virale e Meloni ci rimane male. Anzi, malissimo: "Mi sono sentita come quando scopri che il Babbo Natale che ha appena suonato alla porta altri non è che tuo zio un po' alticcio e un po' imbolsito, ma fai finta di nulla, seppur con la morte nel cuore".

Povera stellina di una Giorgia.

Che cattivone, 'sto Guccini. Osa pure prendere in giro una potente ex fascista che fa la guerra alle minoranze, ascoltava canzoni antisemite e – soprattutto – delle canzoni di Francesco non ha mai capito un bel niente.

Che bella gente

La seconda carica dello Stato

In Italia, nell'*annus domini* 2023, la seconda (seconda!) carica dello Stato è Ignazio La Russa. Uno con quel passato lì, con quella storia lì, con quel busto del Duce lì.

Ma dove vogliamo andare?

Calzini turchesi e dossieraggi vili

A ottobre 2023 divampa la polemica contro Iolanda Apostolico, giudice di Catania che ha osato fare un'ordinanza contro il decreto Cutro, liberando tre migranti tunisini (su 130mila) che il governo avrebbe rispedito volentieri nel cosiddetto "Paese sicuro" del dittatore Saied. Apriti cielo: il governo e i giornali al seguito manganellano a più non posso la giudice, attaccandola ovviamente non sul merito (cioè il contenuto inattaccabile dell'ordinanza, che Meloni peraltro definisce, da asina di giurisprudenza, "sentenza"), ma sulla persona. Salvini arriva a pubblicare sui suoi profili social un video di cinque anni prima, inviatogli da non si sa chi (se fosse la polizia sarebbe gravissimo), che ritrae una silente Apostolico mentre partecipa a una protesta per la liberazione dei migranti a bordo della Diciotti, bloccati nell'estate del 2018 dall'allora ministro Salvini dentro l'imbarcazione.

È la stessa tattica che il centrodestra berlusconiano, di cui Meloni è figlia e nipote, adottò per esempio nel 2009 contro il giudice Raimondo Mesiano, reo di avere condannato la Fininvest a pagare una multa milionaria per danni alla Cir di Carlo De Benedetti (grazie al lodo Mondadori) e per questo crivellato dai media berlusconiani (*Studio Aperto*), che arrivarono persino a pedinarlo e ad attaccare il suo look (i famosi "calzini strani" color turchese e l'abbigliamento non si sa perché sospetto).

Si chiama dossieraggio, e funziona così: quando c'è un avversario sgradito, o anche solo una persona che – facendo onestamente il suo lavoro – disturba i manovratori al governo, la destra non si occupa mai del merito, ma mira unicamente alla distruzione della persona. A quel punto parte la macchina del fango: dossieraggi, pedinamenti, sputtanamenti. È accaduto in forme diverse a tutti coloro che si sono opposti a qualsiasi governo (Renzi e i suoi agivano in maniera non troppo dissimile, anzi il suo fido Rondolino in una mail consigliò a Renzi una "*character assassination*" contro politici e giornalisti, compresi il *Fatto* e il sottoscritto). Con i governi Berlusconi ieri e Meloni oggi, la macchina del fango è sempre attiva e per la magistratura c'è sempre un occhio di riguardo.

Ha scritto Marco Travaglio, il 6 ottobre 2023, sul *Fatto*:

> Al posto della giudice Iolanda Apostolico, quando il marito attivista politico il 25 agosto 2018 scese in piazza a Catania contro Salvini che negava lo sbarco alla nave Diciotti carica di migranti, noi saremmo rimasti a casa. Nessuna norma penale o deontologica le vietava di manifestare con tanti cittadini comuni, ma lei era ed è un giudice e la sua presenza accanto a chi insultava il ministro dell'Interno poteva far dubitare non della sua imparzialità e indipendenza (che sono fatti interiori), ma della sua immagine di giudice imparziale e indipendente. E portare fascine di legna al rogo sempre acceso per le streghe moderne: i magistrati imparziali e indipendenti.
>
> Ciò premesso, la sua partecipazione (peraltro silenziosa) a un vecchio corteo non inficia minimamente la sua ordinanza che nega il trattenimento di tre migranti mandando in bestia il governo. Governo in cui siede, al ministero della Giustizia, un ex magistrato che, quando indossava la toga, andava a cena con Cesare Previti, imputato (e poi condannato) per corruzione di giudici in cambio di sentenze comprate: bell'esempio d'impar-

zialità e indipendenza. Ciò premesso, l'ordinanza Apostolico non riguarda Salvini; si fonda sul diritto costituzionale europeo e italiano; è stata imitata dal Tribunale di Firenze, dove non risultano manifestanti anti-Salvini; se il governo la impugnerà, deciderà la Cassazione.

Ma ora un fatto gravissimo dovrebbe allarmare tutti e mettere il resto in secondo piano: l'angolatura di ripresa del video della giudice in piazza coincide – dalle immagini rintracciate dal *Fatto* – con quella di un uomo armato di videocamera in mezzo alle forze di polizia (un agente in borghese?). Il fatto che sia saltato fuori a tempo di record in mano al vicepremier e ministro Salvini si spiega in soli due modi: o un poliziotto, con occhio di lince e memoria di ferro, si è ricordato di quel filmato di cinque anni fa e ha avvisato Salvini; oppure in qualche ufficio di polizia o di servizi si schedano i partecipanti illustri alle manifestazioni e, quando il politico di turno domanda "abbiamo niente contro la Apostolico?", c'è chi sa dove pescare in tempo reale. Non sarebbe la prima volta: l'archivio segreto e illecito di Pio Pompa, analista del Sismi del gen. Pollari, trovato nel 2006 in un ufficio riservato di via Nazionale 230, raccoglieva schedature di magistrati, giornalisti e politici sgraditi a B. e alla sua banda. Pompa è morto ma, se Salvini non rivelerà subito chi gli ha passato quel video, saremo autorizzati a pensare che abbia già un degno successore. E ad avere paura.

Proprio così: avere paura.

Piantedosi superstar

Il governo Meloni è pieno di personaggi involontariamente comici e smisuratamente improponibili. Uno dei miei preferiti è Mauro Piantedosi, ministro dell'Interno a cui concedo l'unico merito di accettare il confronto televisivo con giornalisti sgraditi (si fa spesso intervistare da Corrado Formigli, coraggio che invece manca da tempo alla diversamente impavida Meloni).

Piantedosi è un altro che ne combina più di Bertoldo e non gli stai mai dietro: il suo eloquio, per forma e contenuti, ricorda – cito Travaglio – "quello di un mattinale di questura compilato da un ubriaco". Esempi? I migranti scampati ai naufragi sono "carichi residuali", quelli che hanno perso un bambino in mare sono "genitori irresponsabili che fanno partire i figli in condizioni di viaggio pericolose" (rifiutando ostinatamente di imbarcarsi su yacht o navi da crociera), i cinque operai falciati dal treno notturno a Brandizzo hanno pagato "la suggestione dei social e la distrazione da video" e via così. Un gigante vero.

Ogni tanto, poiché Piantedosi, quando parla, si affida unicamente al caso e, come gli orologi rotti, due volte al giorno può indovinare l'ora giusta pure lui, ne becca una. A settembre 2023, per esempio, smentì Salvini che straparlava di "regia occulta" (Tarantino? Nolan? Muccino?) dietro l'aumento degli sbarchi in Italia: Wagner, Schlein, Soros, Francia, Germania, Unione europea, Godzilla, eccetera.

Piantedosi mise pure in dubbio – tra i primi – la volontà della Tunisia di Saied di rispettare il mitologico "memorandum" siglato con Meloni e Von der Layen. Per l'occasione, Piantedosi arrivò a dire: "Salvini può dirlo (la tesi del complotto e della regia occulta, *nda*) da leader politico facendo anche delle supposizioni, io da ministro dell'Interno devo avere delle prove".

Leggete bene: lasciando stare che Salvini oltre a essere "leader" è pure ministro e vicepremier, "l'idea che Piantedosi" – cito ancora Travaglio – "ha dei leader è rivelatrice: li considera dei cazzari che possono sparare qualunque panzana passi loro per la testa. E, visti i leader che frequenta, si può capirlo".

Siamo un Paese fantastico.

L'anello di congiunzione tra Picierno e Gasparri

Quando siete tristi e pensate che non potrete mai realizzare i vostri sogni, ricordatevi sempre che se ce l'ha fatta nella vita uno come Donzelli allora nulla è impossibile.

Eccovi un mio ritratto (uscito a luglio 2023 sul *Fatto Quotidiano*) di questo autorevolissimo anello di congiunzione tra Picierno e Gasparri.

> Mette tristezza sapere che i teneri coinquilini Donzelli (e Delmastro) avranno ora la scorta. Per una serie di motivi. Anzitutto perché nessuno merita il dramma autentico di vivere sotto scorta. Poi perché Donzelli, dopo il suo ennesimo testacoda, non vedeva l'ora di passare per martire. E infine perché Donzelli va sempre lasciato libero, anche e soprattutto di sparare castronerie: l'unica attività in cui da sempre eccelle.
>
> Se qualcuno ancora si chiede chi sia Donzelli, è presto detto: il Gasparri meloniano, però molto meno credibile. Nato a Firenze nel 1975, liceo scientifico, poi università (senza ovviamente mai laurearsi). In Toscana è sempre stato noto (si fa per dire) per essere così improponibile da far sembrare quasi bravo persino uno come Renzi, che godeva di consensi (al tempo) oceanici proprio perché spesso l'opposizione coincideva con gente come Donzelli. La sua è la classica storia da balilla di seconda fila: Fuan, presidente di Azione Universitaria, portavoce della

Giovane Italia. Ogni tanto ha lavorato anche lui. La sua performance migliore fu quella di strillone per la Speedy Srl, ovvero la società di Tiziano Renzi (no, non è una battuta). Consigliere comunale di Alleanza Nazionale prima (2004) e Popolo della Libertà poi (2009), quindi consigliere regionale nel 2010 e 2015. Deputato dal 2018. Sposato con Alessia, conosciuta in un dibattito in cui il Gasparri fiorentino sostituì Meloni. Ha un fratello, Niccolò, arrestato a ottobre 2022 nell'ambito di un'inchiesta per bancarotta fraudolenta.

Donzelli è un compiaciuto manganellatore dialettico degli avversari, siano essi politici, giornalisti, artisti o chiunque non abbia il poster in camera di Meloni vestita da Wonder Woman (o anche solo da Claretta Petacci). Nel suo osceno discorso scagliato contro i quattro parlamentari del Pd "rei" di aver visitato un terrorista in carcere per accertarsi delle sue condizioni di salute, Donzelli non ha minimamente "sbagliato" i toni o "perso" il controllo: i suoi toni sono sempre quelli e il controllo non l'ha mai avuto. Lui non parla, ma quasi sempre bastona. Per questo Meloni gli ha dato in mano il partito: ne adora i toni, i modi e la fedeltà cieca da *yes-man* disposto a tutto pur di negare l'evidenza per fini partitici. In Donzelli non c'è il benché minimo anelito all'onestà intellettuale, e da quelle parti la cosa costituisce un pregio. Giorgia Meloni mai lo dimetterà, perché i due sono la stessa cosa: una fa la poliziotta buona e l'altro lo sbirro cattivo. Certo, sono entrambi caricaturali, ma non è che da Fratelli d'Italia puoi aspettarti il remake di *Heat – La sfida* o *The Shield*: al massimo la riedizione in salsa fascistella di un cinepanettone qualsiasi. Ogni volta che lo chiamano in tivù, ed è peraltro incredibile che qualcuno accetti di parlarci, Donzelli ne spara una. Se ha davanti Vauro che parla di migranti, Donzelli gli dice (con quella bella vocina da usignolo rubizzo) "perché non te li prendi in casa tu?". Se qualcuno attacca un suo collega di partito che in passato si è vestito da gerarca nazista,

Donzelli risponde (seriamente) che anche lui un giorno avrebbe potuto vestirsi da Minnie per Carnevale. La sua assenza di talento, dialettica e contenuto è così assoluta da risultare quasi commovente. Molti si domandano ancora se Donzelli avrebbe dovuto dimettersi da vicepresidente della Commissione Copasir, dopo la sua mitragliata verbale contro Serracchiani, Orlando, Lai e Verini. Ovviamente sì, ma il punto è un altro: in un Paese anche solo minimamente normale, uno così – il Parlamento – lo avrebbe visto al massimo in foto.

Un partito da borghesi piccoli piccoli

Sono in molti a fare un distinguo: da una parte Meloni, abile e capace; dall'altra il suo governo e la sua classe dirigente, non meno che disastrosa. È una linea di pensiero più ampia di quanto si creda, che va da Marco Travaglio (che ha un buon rapporto personale con Meloni) allo storico Franco Cardini. In parte sposo anch'io questa tesi, fermo restando e ribadendo che stiamo parlando di Giorgia Meloni e non della statista del secolo. Proprio Cardini, a *Piazzapulita*, ha espresso assai bene questo concetto:

> Fratelli d'Italia non si merita Giorgia Meloni. La Meloni mi sembra un'ottima politica e un'ottima parlamentare. L'ho sempre trovata molto puntuale, molto informata. È una che legge le carte prima di parlare. Ha energia e nello stesso tempo moderazione. Il suo partito è un partito senza dubbio di basso profilo. È un partito che ha sviluppato poco non dico in termini ideologici, tanto ormai dell'ideologia non frega più niente a nessuno, ma in termini di idee. È un partito che si attiene in generale a un'idea diciamo così – lo dico con rispetto – da borghesi piccoli piccoli. È un partito che esprime poco.

Se la parte su Meloni può essere ritenuta eccessivamente benevola (ma non agiografica: Cardini non è il tipo), l'analisi sulla pochezza di Fratelli d'Italia, fatta peraltro da uno storico di destra, è onestamente inattaccabile.

L'exploit di Gunny Vannacci

Ad agosto 2023 il generalissimo Gunny Vannacci sbanca con il suo libro autoprodotto *Il mondo al contrario*. Un condensato da bar della peggior destra triviale, gretta e stereotipata. Una sorta di apoteosi del *politically incorrect* più becero, ignorante e sgradevole, che vuole togliere i diritti alle minoranze e poi frigna se gli dai del fascista e liberticida.

Giorgia Meloni, a livello personale, ovviamente non c'entra nulla con questo successo. Non lo ha alimentato in alcun modo, e a differenza di Salvini ne ha pure parlato pochissimo.

Il fatto però che uno come Vannacci – la cui prosa ricorda quella di un bambino dell'asilo che ce l'ha a caso col mondo – sia stato a lungo primo nelle classifiche assolute di vendita di libri in Italia, dice almeno quattro cose:

1. Che siamo alla canna del gas.
2. Che sono in tanti, nel Bar Italia Vannacci, a pensarla come lui.
3. Che sono in tanti a odiare così tanto la sinistra, e ciò che essa rappresenta anzitutto culturalmente, da comprare un libro (e senza ovviamente mai aprirlo) solo come forma di dispetto nei confronti dei "soliti comunisti".
4. Che Meloni, con il suo successo elettorale, ha sdoganato definitivamente un mondo malmostoso e riottoso, rissoso e illiberale, che fino a questo governo se ne stava (per costrizione)

sottotraccia, ma che ora ha di colpo ripreso pigolo. E intende vendicarsi di tutto quel che ha subito, o creduto di subire, in questi decenni di purgatorio democratico.

Feltri al Quirinale!

Nel gennaio del 2015, in piena e tremenda sbornia italica da renzismo, sono in atto le consultazioni per il nuovo capo dello Stato. Dopo nove anni scarsi di danni enormi, Re Giorgio Napolitano abdica. È stato per distacco uno dei peggiori presidenti della Repubblica.

Renzi, ed è una delle tre cose politicamente giuste che ha fatto in vita sua (le altre due sono i passi avanti sui diritti civili e aver tentato di mettere Gratteri alla Giustizia), tira fuori dal cilindro Mattarella. Ottima mossa.

Prima che ciò accada, in una conferenza stampa mitologica con Meloni da una parte e Salvini dall'altra che spippola maleducatamente sul tablet come un bimbominkia, questi due geni contemporanei candidano come capo dello Stato Vittorio Feltri.

No, dico: *Vittorio Feltri.*

Vittorio Feltri.

Vittorio Feltri.

La motivazione (si fa per dire) aggiunge straordinarietà a una tale scelta così illuminata: optare per un nome caro a Forza Italia, affinché Berlusconi (all'epoca flirtante col suo figlioccio deboluccio Renzi) rinsavisca e converga su un nome di così alto e specchiato profilo.

Non starò qui a raccontare le mille e più perle che in questi decenni ci ha regalato un simile vanto del giornalismo nostrano e ultimamente della politica politicante (visto che nel 2021 è stato eletto consigliere comunale a Milano e nel 2023 consigliere regionale in Lombardia, sempre con Fratelli d'Italia).

Mi limito a dire questo: come si fa a prendere sul serio una coalizione, e due "leader", che hanno avuto il coraggio di pensare *sul serio* a uno come Vittorio Feltri al Quirinale? Come si fa? Noi non siamo un Paese, siamo un sogno.

Je suis Bocchinò

Lo so, anche voi amate come me Italo Bocchino. La sua onestà intellettuale è letteralmente inebriante. Questo è un ritratto che gli ho dedicato, sul *Fatto*, a marzo 2023. Che personaggio fantastico!

La fine apparente del berlusconismo, e ancor più il declino reale di Fini, hanno comportato l'avvilente scomparsa mediatica di Italo Bocchino. Di colpo, il gagà della destra italiana passò da un'onnipresenza politica (nonché gossippara e talora giudiziaria) all'assenza. Tutti ce ne dolemmo. Poi, finalmente, il ritorno. Oddio, ritorno: in realtà, con quello di ieri, il Bocchino odierno c'entra poco. Non a caso, quando qualcuno (pochi) gli fa notare come la pensasse nel 2010 su Berlusconi e Meloni, ovvero negli anni in cui era più finiano di Fini, lui cade dal pero (pardon: dal fascio littorio) e cambia subito discorso. L'ascesa di Donna Giorgia ha rispalancato le porte dei talk show di punta a questo disinvolto e querulo cinquantaseienne venditore di fumo propagandistico. Se c'è da difendere l'indifendibile, ovvero Meloni e il suo governaccio di peracottari quando va bene e fascistelli quando va male, Bocchino scatta sull'attenti e parte col *mirror climbing*. La sua qualifica ufficiale è quella di direttore del *Secolo d'Italia*, spietato organuccio ufficiale di Fratelli d'Italia, attraverso il quale Bocchino manganella qualsivoglia oppositore sognando (si presume) il Ventennio che fu. Parlantina mediamente fluida e propensione logorroica, Bocchino preferisce frequentare i talk show non certo di destra per tre motivi: perché è un uomo intelligente; perché è un uomo vanitoso (e dunque va dove si fanno più ascolti); e perché ama recitare la parte del martire, l'unico di destra in un salotto (secondo lui) di sinistra o peggio ancora grillino. È allora che Bocchino, tra una supercazzola di sette ore e una perifrastica chilometrica prematurata con scappellamento a destra, parte con il solito: "Sì, ma mi faccia parlare, qua sono in minoranza, non siete democratici!". Tutto quello che ha fatto in altri tempi è ovviamente passato in cavalleria. Il finismo, le relazioni con Mara Carfagna e Sabina Began, le archiviazioni (partecipazione in associazione a delinquere e concorso in turbativa d'asta nel caso Global Service del 2009), i 2 miliardi e 400 milioni di lire ricevuti per il quotidiano napoletano *Roma* nel 2001 dalla Finbroker (fatto non penalmente rilevante) e l'inchiesta Consip (prosciolto dalle tre accuse più gravi, è stato rinviato a giudizio per traffico di influenze illecite). Tutto dimenticato: il Bocchino iper-meloniano è come nuovo. Qualcuno lo critica per i capelli forse tinti. Chi lo fa sbaglia, non tanto perché continuare a pensare nel 2023 che solo le donne possano (o addirittura debbano) tingersi è da citrulli, ma – più che altro – perché i capelli di Bocchino non sono tinti: sono nerissimi come presa di posizione ideologico-tricologica. Se Bocchino avesse anche solo un capello bianco, si sentirebbe molle come Gentiloni e andrebbe come minimo in analisi. Lui si sente il Farinacci del nuovo millennio, mica può esibire debolezze. Ogni giorno si dimena come un ossesso per tamponare tutte le falle di questo esecutivo di scappati di casa. Italo Balb... (ah no, scusate: Bocchino) agisce sempre nello stesso modo. Arriva in studio. Fa i complimenti a tutti i presenti (sperando di fargli abbassare la guardia). Butta là qualche battuta per sembrare simpatico. E poi crivella senza pietà. O almeno ci prova. Ad *Accordi&Disaccordi*, per esempio, ha detto: "Che voto darei da 1 a 10 a Meloni? 11! E al suo governo 10,9". Capite bene che uno che dà 10,9 a Roccella, Mollicone, Donzelli e Valditara è capace di tutto. Non avendo freni né ritegno, nulla lo può fermare. Se non l'onestà intellettuale, che però ha meno voti di Renzi. E dunque, ora e per sempre: *eia eia alalà!*

Vade retro Napoleone

Ottobre 2023. Fabio Rampelli, altro genio contemporaneo e teorico leader dell'opposizione (si fa per dire) anti-meloniana interna a Fratelli d'Italia, individua con acume il vero problema degli italiani e del Paese tutto: Napoleone.

Nel suo ufficio alla Camera, proprio alle sue spalle, troneggia infatti un odioso dipinto di Napoleone Bonaparte. Sta lì dal 1927, e questa per il vicepresidente della Camera (*sic*) *è* un'onta che ferisce nel profondo il suo viril sovranismo.

Da qui l'urlo di dolore: *Via quel quadro da lì!*

La tela è un'opera dell'artista neoclassico Andrea Appiani ed è di proprietà della Pinacoteca di Brera, che la conserva da tempo all'interno della Camera in "deposito temporaneo". Rampelli, non senza spirito di sacrificio e abnegazione erculea, sopporta quella presenza – essendo vicepresidente della Camera dal 2018... – da quasi sei anni. Un'onta inaccettabile, lo capite bene anche voi.

È dunque comprensibile che Rampelli, pover'uomo, non ne possa più. Sentite come soffre: "Mi infastidisce il fatto che sia qui, appeso nella mia anticamera nel piano più importante di un palazzo che rappresenta il tempio della sovranità nazionale. E Napoleone ha cercato di annetterla al suo impero".

Ti siamo vicini, Rampelli. In effetti son proprio problemi grossi, ancor più al giorno d'oggi: convivere *addirittura* con un dipinto che raffigura quel *francesaccio* di Napoleone. Che vergogna, che strazio, che indecenza. Dove finiremo mai, di questo passo?

Ce ne fosse uno buono

Daniela Santanchè, che in un Paese normale non avrebbe mai fatto il ministro e che in un Paese sempre minimamente normale si sarebbe dimessa da almeno sei mesi. Marina Elvira Calderone, con i suoi conflitti d'interesse di cui non frega niente a nessuno. Gennaro Sangiuliano, con i suoi libri mai letti e le sue sciocchezze a getto continuo. Piantedosi, con i suoi carichi residuali e i suoi migranti che partono per troppa incoscienza. Valditara, col suo culto per l'umiliazione (degli studenti) e con la sua idea di scuola da Ventennio. Tajani, che a vent'anni faceva il monarchico per sentirsi ribelle e a quaranta era già per distacco il più debole dei berluscones. Calderoli, esempio di garbo e bon ton. Nordio, così berlusconiano che Ghedini in confronto era fan di Davigo. Salvini, che ormai criticarlo è come sparare sulla Croce Rossa. Roccella, al cui confronto Torquemada era Rocco Siffredi. E poi Lollobrigida, che riscrive ogni giorno il concetto planetario di figura di tolla.

Mi fermo a undici ministri, ma se volessi potrei ironizzare in un amen anche su quasi tutti gli altri (e già mi pento di non aver qui menzionato Fitto e Musumeci).

Sinceramente: ma che abbiamo fatto di male per meritarci una roba simile?

Giambruno uno di noi

Ammetto di non star dietro ad Andrea Giambruno, l'anchorman di Rete 4 nonché a lungo il compagno (ma non marito, *ops*) di Giorgia Meloni. Ne ho scritto un ritratto a fine luglio 2023 sul *Fatto*, che qui vi ripropongo, e da quella volta lui si è dimostrato inarrestabile. Una volta è inciampato parlando di lupi e stupri, un'altra ha delirato su migranti e transumanze. E *Striscia la Notizia*, il 18 ottobre 2023, lo ha ulteriormente zimbellato per certi suoi fuori onda dove si comporta da provolone truzzo e imbarazzante. Non ne becca una, al punto che Meloni – rispondendo assai piccata a un cronista del *Fatto* – ha chiesto ai giornalisti di non farle più domande sul fidanzato. Non solo: dopo dieci anni di relazione, subito dopo i fuori onda svelati da *Striscia*, Meloni ha addirittura lasciato – con un commosso e al tempo stesso piccato post sui suoi profili social – Giambruno. Poveretta: c'è da capirla.

Certo che il nostro mitico Giambruno saprà regalarci altre perle, ecco qui una sua breve e parzialissima storia uscita a inizio agosto 2023 sul *Fatto Quotidiano*.

Se è vero che la Meloni non è esattamente la Thatcher, e giova ricordarlo perché da quando ha vinto le elezioni son quasi tutti diventati suoi agiografi, è altrettanto certo che il suo cerchio tragico – di cui colpevolmente si è circondata – fa di tutto per crivellarla ogni giorno. Se la stampa latita e l'opposizione annaspa, i suoi colleghi di partito e governo non ne beccano mezza. Nordio, Lollobrigida, Pichetto Fratin, La Russa, Santanchè eccetera: un disastro quotidiano, tragicomico e fantozziano.

Di questa amena galassia di antimeloniani a loro insaputa, fa ormai parte in pianta stabile Andrea Giambruno. Chi è? Il suo compagno da sette anni. E un affermato giornalista Mediaset, al punto che si parla (parlava?) di un suo ipotetico programma in prima serata. Nulla di strano: Giambruno ha buona presenza, sa stare in video, non è un fenomeno ma neanche un incapace. E se la prima serata (semiclandestina, ma pur sempre esistente) ce l'ha uno come Porro, a Giambruno potrebbero dare anche la conduzione del *Letterman Show*.

È anche surreale, come pretenderebbe Marianna Aprile, che Giambruno – ora che la compagna è presidente del Consiglio – debba stare zitto o mettersi in aspettativa come fece (assai dignitosamente) la moglie di Enrico Letta: Giambruno è un giornalista e ha tutto il diritto di dire quello che vuole. Il problema, non tanto per noi quanto per lui (e per Meloni), è come lo dice. Tra giugno e luglio 2023, Giambruno ha inanellato un filotto di tafazzismi da record. Va detto che, ancor prima di diventare un campionissimo di autogol mediatici, Giambruno era abbastanza aduso a inciampare. È per esempio un maestro (?) del bisbiglio involontario: mentre gli ospiti parlano in collegamento, lui non solo non li ascolta, ma coglie pure l'occasione per dare indicazioni a regia e autori. Avendo però il microfono acceso, il bisbiglio si sente. E avendo pure l'inquadratura larga, lo si vede mentre passeggia per lo studio, dando la sensazione di fregarsene altamente di quel che gli ospiti vanno dicendo. Da medio sabotatore di se stesso, lo stentoreo Giambruno è anche uno che talvolta sbaglia i nomi e storpia la grammatica. È infatti capace di chiamare Stefano, e non Matteo, il boss Messina Denaro; di dire che d'estate ha sempre fatto caldo, mentre mezza Italia brucia; di usare il sostantivo "sparimento" invece di "sparizione"; e di consigliare a un ministro tedesco di nascondersi nella Foresta Nera.

Genio non pienamente valorizzato, Giambruno ha fatto in questi giorni il negazionista climatico (salvo poi negare di esserlo), ridimensionando un ospite che ne sapeva molto più di lui (ma che a differenza sua non aveva in camera il poster di Musumeci). Ha poi trattato il ministro tedesco Karl Lauterbach come un pizzettaro qualsiasi, poiché reo di aver predetto che il turismo sarebbe morto a breve nel Sud Europa per via del caldo record. Una belinata notevole, ma è tutto da dimostrare che la reazione uterina del Giambruno abbia giovato a Meloni e ai suoi rapporti col governo tedesco. Infine, di fronte alle critiche, invece di chiedere scusa si è pure sopravvalutato oltremodo, arrivando a sostenere che attaccano lui per colpire la Meloni, e che inventare questi casi sul nulla è solo un modo (di chi? Della Schlein? Di Conte? Della Spectre?) per offuscare il lavoro straordinario (?) del governo. Di questo passo, Giambruno arriverà a breve a contestare il Papa, invadere la Polonia e paragonare Crosetto a Gandhi. Idolo assoluto. La sua diversamente inarrestabile ascesa è qualcosa di meraviglioso. Che gli dèi littori ti assistano, mitico Giambruno!

La cultura non li ha mai intaccati

In Italia, oggi, la cultura è in mano a Sangiuliano (ministro), Sgarbi (sottosegretario) e Morgan (consulente ufficioso).

Devo andare avanti o vi basta così?

Borsellino lasciatelo stare

Giorgia Meloni, ormai lo sappiamo, ha più volte ripetuto di aver cominciato a fare politica dopo la strage di via d'Amelio del 1992, spinta dal martirio di Paolo Borsellino.

> Ho iniziato a fare politica a 15 anni, il giorno dopo la strage di via D'Amelio, nella quale la mafia uccise il giudice Paolo Borsellino, spinta dall'idea che non si potesse rimanere a guardare, che la rabbia e l'indignazione andassero tradotte in impegno civico. Il percorso che mi ha portato oggi a essere presidente del Consiglio nasce dall'esempio di quell'eroe.

Queste parole le ha pronunciate il giorno della fiducia, rivendicando con orgoglio la sua iscrizione al Msi ad appena quindici anni.

Non dubito del fatto che Meloni abbia amato e ami Borsellino. È certo sincera. Ma di sicuro, proprio come le è capitato con Gaber e Guccini, o non ha capito il loro insegnamento o si è parecchio smarrita di anno in anno.

Meloni ha governato con uno come Berlusconi ed è tuttora alleata con Forza Italia. Ha avallato leggi orrende. Non perde occasione per denigrare la magistratura. Ha scelto come ministro della giustizia Nordio, ovvero il politico che incarna al meglio (?) il berlusconismo peggiore. La Meloni donna ama Borsellino, ma la Meloni politica non fa nulla per dimostrarlo. Anzi, firma e si intesta battaglie che vanno nella direzione opposta rispetto a quella di Borsellino.

Ecco, cara Meloni e (peggio ancora) cara compagnia cantante di giornalisti destrorsi, fiancheggiatori furbini e manganellatori 2.0: fateci un favore. Almeno uno. Va bene tutto, tanto ormai in questo Paese vale ogni cosa: ma almeno Borsellino lasciatelo stare. Per favore: lasciatelo stare. Con lui, davvero, non c'entrate proprio niente.

Satira e famiglia

Meloni difende la famiglia: la sua, però

"Di quale famiglia parla Meloni se una tradizionale non ce l'ha? Ha un coraggio che sfiora la spudoratezza".

Sono parole di Corrado Augias, pronunciate nel settembre 2023 a *diMartedì*, su La7.

In effetti quello della "famiglia tradizionale" è uno dei tanti aspetti surreali e imbarazzanti di Meloni: di cosa sta parlando, se la prima a non avere (legittimamente) una famiglia cosiddetta tradizionale è proprio lei?

Tenendo conto di quanti parenti e amici stretti è riuscita a piazzare, ora al governo e ora in Parlamento, ora nel partito e ora in chissà quali enti, verrebbe da dire che sì, è vero, Donna Giorgia Meloni combatte strenuamente per difendere la famiglia: la sua e basta, però.

La caccia alle streghe di Verona

Nel maggio del 2019 ha luogo, a Verona, il Congresso mondiale delle famiglie. Un'accozzaglia agghiacciante di reazionari, bacchettoni, bigotti, casi umani e manganellatori seriali delle libertà altrui. Un gigantesco sputo in faccia alle conquiste faticosamente ottenute nei secoli dall'uomo, una contestazione greve e violentemente stolta del pensiero illuminista a cui viene contrapposto il più bieco e ignorante oscurantismo travestito malamente da "difesa delle radici".

Roba – fatte salve sporadiche eccezioni – da caccia alle streghe legalizzata.

In quei giorni mi capitò di confrontarmi (cioè scontrarmi) con Giorgia Meloni in tivù, prima a *Otto e mezzo* e poi ad *Accordi&Disaccordi*. C'era il governo Conte-1, che stava già implodendo e che si divise pure su quel Congresso: Salvini aderì con gioia (figuriamoci), i 5 Stelle se ne stettero alla larga (e ci mancherebbe altro!).

Non c'è cosa che mi dia più fastidio e mi faccia più schifo del potere che si batte per togliere libertà ai cittadini. Ancor più quando – dall'alto oltretutto di condotte morali tutt'altro che "tradizionali" – si permette di sindacare sulle nostre vite. È proprio una cosa che mi manda fuori di testa.

Giorgia Meloni partecipò con orgoglio a quella buffonata anacronistica di Verona, fece il suo solito sermoncino antistorico su difesa di "Dio, patria e famiglia" e raccattò applausi con le sue frasi fatte da Ventennio su natalità e nazione.

Continuo a pensare che quel Congresso abbia incarnato al meglio tutto il rincoglionimento supremo (e verbalmente ferocissimo) di cui è pregna la nostra contemporaneità.

Meloni va ancora fierissima di aver partecipato a quell'esimio simposio. "Beata" lei. Io me ne vergognerei in maniera indicibile.

La regola aurea di Ricky Gervais

Uno dei miei autori satirici preferiti è Ricky Gervais. Geniale, urticante, irresistibile. Talento puro. In un'intervista, Gervais ha raccontato perfettamente la follia che sta alla base del mondo social (e non solo social), ricordando magistralmente come dovrebbero stare le cose:

> Sono ateo, ma non vado mica nelle chiese a urlare: "Questo è un mucchio di stronzate!". Non è questo il modo. Ma Twitter o il palco sono le mie chiese. Casa mia, regole mie. Se non ti piace, puoi andartene. Puoi andartene. Questa è la tua forma di protesta. Vattene e non venire mai più a vedermi. Puoi dire a tutti che sono uno stronzo. Buona fortuna. Ma io continuerò a dire il cazzo che mi pare.

Semplicemente perfetto.

Ecco: se voi uscite dall'esempio social, e pensate al comportamento che ha Meloni nei confronti della famiglia, della libertà sessuale, dell'eutanasia e dei diritti civili, vi rendete conto immediatamente di come le parole di Gervais siano tremendamente calzanti.

Ci sta eccome che Giorgia Meloni abbia le sue idee, anche se quelle in tema di libertà sono drammaticamente retrograde, ma non è accettabile che voglia imporle a chi ne ha altre. Non se si parla del "nostro palco". Non se si parla della nostra famiglia, della nostra sessualità, del nostro privato: della nostra vita.

Ed esattamente come noi – io no di sicuro – non andiamo a casa loro a gridare: "Questo è solo un mucchio di stronzate", sarebbe davvero il minimo che anche Meloni e i suoi, per giunta da posizioni di dominio, evitassero una volta per tutte di romperci i coglioni – scusate – e di entrare nel "nostro palco" per dettare le loro grette, anacronistiche e oscurantiste idee malsane.

Sarebbe davvero, davvero, davvero il minimo.

Un punto di vista e un po' di memoria

Il potere, qualsiasi potere, non ha mai avuto in simpatia la satira. Che io ricordi, l'unico potente italiano a suo agio con la satira è stato Sandro Pertini, che adorava la caricatura che ne faceva Andrea Pazienza nelle irresistibili avventure di *Paz e Pert*.

Ma appunto: parliamo di talenti irripetibili. Ieri Pertini e Pazienza, oggi Meloni e Osho. E buona catastrofe come sempre.

La satira (quella vera, che è cosa ben diversa dalla caricatura, dall'imitazione e dallo sfottò) deve fare arrabbiare il potere. Altrimenti non è satira. Di satira politica vera non ce n'è molta in Italia, ed è così da un bel pezzo, ma qualcosa c'è. E quel qualcosa, puntualmente, viene *bazookato* da Meloni e dai suoi.

Un caso emblematico è stato la vignetta di Natangelo pubblicata ad aprile 2023 sul *Fatto* e dedicata ad Arianna Meloni. Quella vignetta traeva spunto dai deliri del ministro (e marito di Arianna, e cognato di Giorgia) Lollobrigida sulla sostituzione etnica. Apriti cielo: tutti a delirare, a straparlare e sproloquiare su quel che è satira e quel che non lo è. Destrorsi, renziani e giornalisti furbini. La solita claque.

Ogni volta che qualcuno cerca di mettere dei lacci alla satira, distinguendo tra "buona" e "cattiva" satira, oppure parlando di elementi soggettivi e insondabili come "il limite del buon gusto", di fatto desidera solo oscurarla. È così da sempre: lo sapeva bene Dario Fo e potrebbero raccontarvelo ancora oggi Beppe Grillo, Daniele Luttazzi, Sabina Guzzanti e molti altri. Oltretutto fa ridere che ci si lamenti di Natangelo: se lui è "troppo", cosa dovevamo fare ai satirici del *Male* e di *Cuore*? Bombardarli col napalm? Scuoiarli? Iscriverli sotto coercizione a Italia Viva?

La satira, come insegnava Fo, è "un punto di vista e un po' di memoria". "Solo" questo. La satira è libera, fa quel che vuole e colpisce (sul serio) il potere. Altrimenti non è satira, ma *lucabizzarrismo* qualsiasi quando va benino e Bagaglino melmoso quando va malissimo.

Fine delle trasmissioni e buona vita

Fino alla fine del 2020 ho avuto un buon rapporto personale con Giorgia Meloni. Non eravamo amici stretti, ma c'era stima e ogni tanto ci scrivevamo su WhatsApp.

Come vi ho raccontato, l'ho vista la prima volta a Rete 4, mi pare nel 2012 da Del Debbio. Ci siamo scontrati violentemente. Ve l'ho già raccontato.

Dal 2014 il nostro rapporto è migliorato (che peggiorasse era impossibile). Ci trovavamo spesso "dalla stessa parte" contro Renzi.

Nel 2016 è venuta a vedermi a teatro a Roma, scrivendomi poi quel bellissimo messaggio su Gaber.

Nel 2018 mi ha invitato alla sua festa Atreju. Voleva che facessi un monologo sull'egemonia culturale di sinistra vista però da sinistra (cioè da me), sperando che attaccassi in particolare i Damilano e le Murgia. Mi ha telefonato mentre ero in Friuli dopo uno spettacolo, mi pare a Buja. L'ho ringraziata, ma ho declinato.

Domenica 23 giugno 2018 Meloni si trovava ad Arezzo. Il giorno prima, in piazza, aveva visto la nostra Giostra del Saracino. A pranzo sono stato invitato da un esponente della destra aretina, che mi conosceva. Io ne ho parlato con la mia compagna, *mooolto* più di sinistra di me, e abbiamo deciso di accettare. Ricordo che avevo comprato da poco una Triumph Bonneville e ho preso proprio lei per andare al pranzo, più o meno a mezz'ora da Arezzo (ma sempre in provincia). Quando sono arrivato, Meloni mi ha detto di stare attento con quella moto e di fare piano. Quasi fosse mia madre. È stata, la sua, un'accortezza tenera e non finta.

Lo ricordo come un pranzo molto piacevole e oggi irripetibile. C'erano anche Giambruno e la loro figlia Ginevra, all'epoca molto piccola. Era una tavolata di quindici persone e io ero proprio davanti a Giorgia. Esistono anche molte foto di quel pranzo, che ovviamente possiedo. Il governo Conte-1 stava cadendo, ma di politica in realtà abbiamo parlato poco.

Con la nascita del Conte-2 ci siamo sentiti ancora – e visti almeno una volta in tivù – con una certa regolarità.

Poi è arrivato il Covid. Il lockdown. Il disastro. Lei è diventata sempre più popolare e io sempre più forte sui social. Durante le mie dirette #scanzilive l'ho attaccata spesso, come pure in molti post. Lei non ha gradito. Come io non ho gradito la sua opposizione – per me – violenta e irresponsabile.

Una volta l'ho chiamata, sarà stato giugno o luglio del 2020, e in qualche modo abbiamo ricucito momentaneamente lo strappo.

L'8 settembre (data emblematica...) 2020 mi ha scritto un messaggio molto sgradevole su WhatsApp. Ho risposto col lanciafiamme, come mi capita spesso e come rifarei, e l'ho bloccata su telefono e sui social.

Fine delle trasmissioni e buona vita.

Chi di donzellismo ferisce, di antonioriccismo perisce

Il 20 ottobre 2023, Giorgia Meloni lascia Andrea Giambruno. Lo fa dopo gli impietosi e inequivocabili fuori onda di *Striscia la Notizia*. Meloni, sui suoi profili social, scrive:

> La mia relazione con Andrea Giambruno, durata quasi dieci anni, finisce qui. Lo ringrazio per gli anni splendidi che abbiamo trascorso insieme, per le difficoltà che abbiamo attraversato, e per avermi regalato la cosa più importante della mia vita, che è nostra figlia Ginevra.
> Le nostre strade si sono divise da tempo, ed è arrivato il momento di prenderne atto.
> Difenderò quello che siamo stati, difenderò la nostra amicizia, e difenderò, a ogni costo, una bambina di sette anni che ama la madre e ama il padre, come io non ho potuto amare il mio.
> Non ho altro da dire su questo.
> Ps. tutti quelli che hanno sperato di indebolirmi colpendomi in casa sappiano che per quanto la goccia possa sperare di scavare la pietra, la pietra rimane pietra e la goccia è solo acqua.

La notizia ha una vasta eco e se ne parla per giorni. Qualche considerazione.

• In questo paese fanno sempre più notizia i temi pruriginosi dei fatti gravi. Berlusconi fu disarcionato e indebolito più dal bunga bunga che da tutte le schifezze fatte al governo (e non solo al governo). C'è, nell'italiano medio, una continua propensione al pettegolezzo, al bigottismo ipocrita, al guardare tutti (tranne se stessi) dal buco della serratura. Anche in questo mi sento in minoranza: di tutte le cose accadute da quando Meloni è al governo, la sua rottura con Giambruno è per me quella meno rilevante.

• Se questa notizia non è rimasta nell'ambito del privato, non è solo perché gli italiani sono comari e perché Meloni è un personaggio pubblico. È anche e soprattutto perché Meloni e i suoi attentano sistematicamente alla libertà privata altrui, imponendo regole "tradizionaliste" e "oscurantiste" che poi sono i primi a non rispettare.

• Al netto del fatto che nei fuori onda tutti tengono a dare il peggio di sé (ah, se vedeste certi fuori onda di presunti miti e maestrini del giornalismo), Giambruno appariva gretto, truzzo, non proprio geniale, vagamente sessista e non poco "Christian De Sica da cinepanettone" anche prima. Meloni, in questi dieci anni, pensava di essere fidanzata con un lord oxfordiano?

• Meloni e la destra non possono attaccare l'ipotetica "macchina del fango" di Mediaset (che teoricamente sarebbe alleata e dunque sodale di Meloni), se sono poi ogni volta i primi a usare la macchina del fango contro qualsivoglia oppositore. Chi di donzellismo ferisce, di antonioriccismo perisce (e chiedo scusa a quel genio vero del mio Antonio Ricci per averlo messo addirittura nella stessa frase con Donzelli: si scherza, Antonio!).

• Se c'è una cosa che mi annoia, sono i dibattiti sui tradimenti. E se c'è una cosa a cui mai ho dato importanza, è la monogamia. Due belinate ipocrite, borghesi e farlocche, inventate dalle religioni e dall'ignoranza. Conoscendo però la forma mentis – e i sogni, e le regole – di Meloni, posso solo immaginare quanto ci sia rimasta male e quanto soffra per un epilogo così triste e shoccante. Dall'altra parte della barricata e della storia, la abbraccio.

• Le famiglie perfette alla Mulino Bianco non esistono. Men che meno a destra. La costruzione di un amore, come cantava Ivano Fossati, "spezza le vene delle mani/ mescola il sangue col sudore/ se te ne rimane". Sarebbe bene, e sarebbe ora, che Meloni e il suo caravanserraglio di oscurantisti la smettessero di imporre regole bacchettone e idiote, impegnandosi piuttosto a mantenere in piedi quel che resta delle loro famiglie ben poco tradizionali e per nulla felici.

Perché ha vinto e perché ancora piace

Proviamo anche lei (ormai non è rimasto altro)

La vittoria di Meloni ha tante spiegazioni. Una di queste, per certi versi la più evidente e la più banale, è la motivazione "ultima spiaggia".

Molti italiani non votano per ideologia, ma per disperazione: per sentito dire e per cabala. Tra di loro c'è chi, nel settembre del 2022, ha pensato: "Ho già visto all'opera il centrodestra. Poi il centrosinistra. Poi i 5 Stelle. Poi Salvini. Poi i tecnici. Li ho visti tutti. Tranne lei: proviamola, dai!".

E così hanno votato l'unica che non era mai stata (in posizione maggioritaria) al governo: Giorgia Meloni, e con lei il suo esimio partito di post (post?) fascisti.

Auguri.

Grazie Mario!

Il governo Draghi è stato l'assist perfetto per Giorgia Meloni. Neanche Baggio, Rui Costa o Messi sarebbero stati così bravi nel lanciare così bene Meloni a rete. Praticamente un gol a porta vuota.

Dopo gli errori inizialmente fatti con Monti e la riforma Fornero, Meloni se n'è stata buona buona all'opposizione (no: buona buona no). Ha urlato, inveito, delirato.

Ha visto sfilare Letta, Renzi e Gentiloni, facendo opposizione talora condivisibile.

È rimasta sola col Conte-1, e lì ha barcollato, perché non si aspettava un simile comportamento da Salvini (con cui i rapporti personali non sono mai stati né mai saranno idilliaci: anzi).

Ha attaccato senza vergogna e decenza il Conte-2, usando toni non di rado irricevibili.

Fino a quel punto era sì in ascesa, ma non certo lanciatissima.

Poi è arrivato il governo peggiore per 5 Stelle e centrosinistra e il migliore per lei: il calderone Draghi, con tutti dentro, tranne lei. È stata la mossa vincente: mentre i giornaloni celebravano un governo che piaceva solo a loro, Meloni ha cominciato a esplodere nei sondaggi.

Più Draghi andava avanti e più lei volava.

Il più grande alleato di Giorgia Meloni è stato Mario Draghi. Senza di lui, Fratelli d'Italia non sarebbe mai arrivata al 30% nei sondaggi e – più ancora – non sarebbe mai al governo con questi numeri.

Come diceva Parisina in *Non ci resta che piangere*: "Grazie Mario!".

Il suicidio perfetto

Voi mi direte: non è solo colpa di Draghi. E certo che non lo è.

Draghi, tutto sommato, ha fatto (dal suo punto di vista) il suo: una volta defenestrato Conte, ha accettato la prospettiva di sciropparsi malvolentieri qualche mese da presidente del Consiglio per poi approdare al Quirinale. Era tutto scritto, con Di Maio a tramare nell'ombra (con ottimi risultati...). E gli è andata male.

Ma non è andata meglio ai 5 Stelle, che si sono sganciati troppo tardi da un governo da cui dovevano stare sin dall'inizio alla larga (purtroppo per loro, Beppe Grillo ha deciso e anzi ha imposto diversamente). E peggio ancora è andata al Pd, che con Letta si è innamorato idiotamente della fantomatica "agenda Draghi" e poi si è fatto prendere in giro pure da Calenda.

Il suicidio perfetto, di cui Meloni e le destre hanno facilmente beneficiato. Si chiama vincere facile. Si chiama disastro.

Sono il leader dell'opposizione (e neanche lo sapevo)

Nel settembre del 2023, durante una puntata di *Accordi&Disaccordi*, Italo Bocchino ha sostenuto che l'opposizione in Parlamento non esiste. E purtroppo – per quanto provocatoria ed esagerata – l'affermazione non è priva di agganci con la realtà.

Poi però Bocchino si è spinto oltre:

> Io vorrei un'opposizione politica forte in Parlamento (ma non c'è). Dove si trasferisce? Si trasferisce nel giornalismo. È evidente che oggi l'opposizione la fa Marco Travaglio con il *Fatto Quotidiano*. La fa *Repubblica*. La fa *La Stampa*, ancora più di *Repubblica*. La fa La7. I leader dell'opposizione sono Travaglio, Scanzi, Giannini, la Gruber, Formigli, Floris. Sono questi oggi i leader dell'opposizione. E non è sano in una democrazia.

Ma pensa te: sono il leader dell'opposizione e neanche me n'ero accorto.

Lasciamoli lavorare

Ricordo molto bene – non so perché – come Iva Zanicchi, non proprio la politologa più apprezzabile del Paese, disse nel 1994: "Quante critiche! Berlusconi ha appena cominciato a governare. Lasciamolo lavorare e critichiamolo casomai tra cinque anni!".

Il concetto di "lasciamoli lavorare" è un *evergreen* che vale ancora oggi tra i turiboli in servizio permanente del centrodestra. Se critichi l'operato del governo, ti rispondono puntualmente – vittime di un vero e proprio effetto pavloviano – che *a)* i sondaggi dicono che gli italiani sono ancora dalla parte di Meloni, *b)* lasciamola lavorare, governa da pochi mesi e purtroppo prima di lei hanno fatto così tanti danni che non può fare miracoli.

Ora: premesso che "prima di lei" negli ultimi cinque anni c'è sempre stato Salvini (tranne che nel Conte-2) e che dentro il governo Draghi c'era pure Forza Italia, questa cosa che non puoi criticare un governo perché i sondaggi lo premiano (per ora) fa ridere. E fa ancor più ridere che non si possano sottolineare gli errori (infiniti) di un esecutivo prima del termine della legislatura. Ovvero cinque anni.

A questo punto, oltretutto, molti mi potrebbero dire: "Eh, cinque anni... Figuriamoci, da noi i governi non durano mai così tanto". È vero, non capita quasi mai (ma con Berlusconi nel 2001-2006 accadde, e me lo ricordo bene).

Vorrei però darvi una brutta notizia. Lo so, non è educato, ma siamo tra amici e vi devo onestà assoluta: questo governo scalcagnato, patetico, arrogante, ignorante e imbarazzante durerà eccome cinque anni. Eccome. Preparatevi: non può piovere per sempre, ma da noi sì.

(Se sbaglio si festeggia, beninteso).

È colpa di chi c'era prima

Un altro mantra eterno di Giorgia Meloni e dei suoi: "È colpa di chi c'era prima". Lo ripetono sempre. Non sono i primi e non saranno gli ultimi.

Ci fosse una volta che dicano: "Vi abbiamo promesso di tutto in campagna elettorale perché sapevamo che per vincere dovevamo prendervi in giro, e tutto sommato ci è venuto proprio bene. È stato persino facile. E adesso? Be', adesso vi attaccate al tram. E non solo al tram".

Sarebbe forse brutale e indelicato, ma se non altro – per una volta – apprezzerei la schiettezza.

Un Paese naturalmente di centrodestra

Molti elettori di sinistra, così come molti lettori del *Fatto* (non necessariamente le due cose coincidono), si domandano spesso come abbia fatto Meloni a vincere le elezioni.

È dipeso da molti aspetti contingenti, ma pure da un aspetto immutabile: l'Italia è un Paese naturalmente di centrodestra. Un centrodestra che per decenni ha coinciso con la Democrazia Cristiana, quindi se volete più centro che destra, ma oggi tale inclinazione quasi "genetica" non è mutata. L'italiano medio è di centrodestra. Con Berlusconi, l'asse si è spostato sempre più verso destra, con lo sdoganamento decisivo (a partire dalla figura di Fini candidato a sindaco di Roma nel '93) dei post-fascisti.

Ora – è vero – siamo di fronte a una coalizione di destra-centro, più che di centrodestra, ma il dato finale non cambia granché: alle elezioni l'italiano medio vota la coalizione che non sta a sinistra. Per vincere, quindi, la sinistra (o chi si finge tale) deve da una parte sperare che nella precedente legislatura il centrodestra abbia fatto disastri (vedi il 2006) e dall'altra fare il pieno di tutte le mille anime che caratterizzano la sinistra.

Nel momento esatto in cui l'elettorato – assai vario – di sinistra perde i pezzi, e quindi molti stanno a casa, l'astensionismo colpisce e massacra puntualmente il centrosinistra (e oggi i 5 Stelle). Dall'altra parte, invece, l'elettore di centrodestra magari non è entusiasta, ma alla fine a votare ci va. Può cambiare spartito (ieri Salvini, l'altro ieri Berlusconi, oggi Meloni), ma a votare ci va. Fa gruppo. Fa massa. Fa numero. Vince. E cinque anni dopo (o quando si torna a votare) fa lo stesso.

Gli unici due casi che sono riusciti negli ultimi dieci anni a invertire questa tendenza, piluccando voti anche al centrodestra, sono stati Renzi alle Europee (ma del resto Renzi è un uomo di centrodestra che si è finto di sinistra per scalare il Pd) e i 5 Stelle, che hanno fatto il botto nel 2013 e stravinto nel 2018.

Nel momento in cui il Pd ha deciso di suicidarsi con Letta (Enrico) e i 5 Stelle hanno pagato la fiducia scellerata a Draghi, era del tutto ovvio che Meloni avrebbe stravinto. Per il motivo di sempre: a sinistra mugugnano e spesso ci rimangono così male da stare a casa, mentre a destra mugugnano e magari si incazzano pure, ma alla fine votano. E poi governano. Finché ce n'è.

Perché stanno ancora su nei sondaggi

Se elenchi ai Bocchino & Sallusti tutti gli errori e i fallimenti commessi da questo governo, loro – sempre per quell'eterno effetto pavloviano – scattano subito sull'attenti e ti rispondono così: "Ma se davvero Meloni è così incapace, perché nei sondaggi sta ancora al 30%?".

È una buona controargomentazione. Un po' semplicistica e alla lunga ripetitiva, ma non certo stupida. Le risposte sono molteplici. Almeno cinque.

1) Meloni è ancora alta nei sondaggi perché anche coloro che riconoscono i suoi insuccessi continuano a fare un distinguo tra lei (che percepiscono come brava) e la sua squadra (piena zeppa di incapaci). Per questo, nonostante tutto, rivoterebbero a oggi non tanto Fratelli d'Italia quanto il partito di Meloni (che è comunque la stessa cosa).

2) Se un elettore si informa guardando Rai e Mediaset, non si accorge minimamente (tranne sporadici e meritori casi come *Report* e Bianca Berlinguer) di tutti i disastri commessi da questo governo. La favoletta del "tutta la stampa è contro Meloni" è, appunto, una favoletta. A fare le pulci al governo è il solito manipolo di giornali e giornalisti/intellettuali certo presenti in tivù, e pure dotati di lettori/pubblico, ma comunque in posizione largamente minoritaria che possono vantare i tre canali

Rai e i tre canali Mediaset, oltre ovviamente agli scatenatissimi giornali di centrodestra.

3) Se Meloni fallisce, l'opposizione riesce quasi sempre a non approfittarne. Anzi: si sabota sistematicamente da sola. E quindi, anche a fronte di una Meloni che balbetta (eufemismo), l'elettore (ancor più se vicino al centrodestra) non ha alcun motivo di cambiare fronte. E al tempo stesso, gli astenuti nel 2022 non hanno certo ritrovato la voglia di tornare a votare.

4) Questo Paese, come ho già scritto, è di per sé orientato nella sua maggioranza a destra, o comunque a centrodestra. Il vento tira da quella parte, oggi – e da noi – più che mai.

5) L'elettore medio non c'entra niente con l'idea nobile (e ingenua) che ne hanno i pur bravi Michele Serra e Roberto Saviano. L'elettore medio è istintivo, umorale e menefreghista. Non di rado egoista. Si fa molti meno scrupoli di quanto si creda, non pensa certo ai massimi sistemi e se ne frega di questioni morali, beghe ideologiche e dilemmi etici (tutte cose su cui costruiamo legittimamente giornali e programmi tivù). Quando l'elettore medio sceglie chi votare – di solito nelle ore immediatamente precedenti al voto – non lo fa guardando il casellario giudiziario, *Presa diretta* o Fabio Fazio, ma premiando assai banalmente e ruvidamente chi sa parlare meglio alla loro pancia. E in questo, cioè in ciò che potrei chiamare non senza ironia disillusa "rutto-politica", la destra italiana mangia in testa a tutti. Letteralmente.

Lei era Giorgia

Armi di distrazione di massa

I rave party. La carne finta. La farina di insetti. La pubblicità con la pesca. Gli esempi potrebbero esseri infiniti.

Decreti speciali, leggi urgenti, nemici veri e immaginari. Null'altro che continue, reiterate e sgangherate armi di distrazione di massa. Parlar di facezie affinché non si parli di quel che realmente conta. Il governo Meloni, come e più dei predecessori, lo fa di continuo. E il bello è che i media ci cascano. Facendo puntualmente il suo gioco.

Blocchi navali e guerre stellari

Sì al blocco navale, no alla sostituzione etnica, porti chiusi, nomadare & transumare, no ai centri di accoglienza che "distruggono i territori", Europa matrigna e Soros Mefistofele, è finita la pacchia, che trionfo i rimpatri, difendiamo i confini, rivediamo gli accordi di Dublino, viva il memorandum con la Tunisia, il mio caro amico Saied, quel gran genio di Orbán, 5mila euro di cauzione ai migranti provenienti da "Paesi sicuri", guerra santa alle Ong, i migranti che partono sprezzanti del pericolo (perché non se ne stanno a casa loro?), è colpa della brigata Wagner, è un complotto dell'Europa, è una trama ordita dalla Germania, è una congiuntura storica ideata dagli alieni. E via così, con mille altre variazioni amene sul tema.

Quando era all'opposizione, e poi in campagna elettorale, e poi nei primissimi mesi di governo, Meloni ha proposto ricette facili e slogan urlati a vicende oltremodo complicate e complesse. Su tutte, quella legata alle migrazioni e ai rapporti con l'Europa.

Poi, una volta al governo, la sua performance sulla vicenda migranti – tematica su cui ha vinto le elezioni – è stata imbarazzante: sbarchi raddoppiati se non triplicati, Europa che continua (colpevolmente e cinicamente) a lasciarci soli, Saied che ci prende in giro, Orbán che si fa i fatti suoi, i decreti Cutro pieni di aspetti incostituzionali e contro il diritto europeo, scontri patetici (e masochistici) con la Germania e Gentiloni, figure barbine come se piovesse e schiaffi in faccia un tanto al chilo (mentre i poveracci muoiono in mare e i giornalacci soffiano sul fuoco del razzismo e dell'ignoranza).

Un fiasco su tutta la linea, una Waterloo assoluta, un disastro completo. Roba che, se il centrosinistra e/o i 5 Stelle avessero fatto anche solo un decimo di tutte 'ste cazzate, Meloni come minimo avrebbe invaso la Polonia.

Complimenti, Giorgia!

Una Martufello che voleva esser Magnani

Nel 2019 Giorgia Meloni fa un video degno di Telecaciottara. Si ferma per fare rifornimento. Dice al benzinaio: "*Buongiornooo.* Mi fa 50? Grazie!". Una recitazione da Oscar.

Il benzinaio effettua il rifornimento. C'è vento e il microfono è disturbato. Meloni dà 50 euro, ma il benzinaio – colpo di genio di regia e sceneggiatura, roba proprio da Kubrick – risponde: "Soltanto 15, gli altri li deve dare al mio socio".

Qui Meloni si trasforma in Alberto Sordi e grida: "*Ar sociooo? E chi è? Ihhh!*". E qui spunta il fantomatico "Fisco", con tanto di cartellone sul petto.

Meloni, che nel frattempo è passata alla modalità "Vorrei essere Anna Magnani ma al massimo ricordo in recitazione Martufello", si gira verso la telecamera e spiega che ancora oggi sono in vigore delle anacronistiche e costosissime accise ("Su 50 euro, 15 vanno al benzinaio e 35 allo Stato, tra Iva e le *famooose acciseee* sulla benzina").

Una cafonata di video senza pari.

Meloni ha promesso di abolire le accise nel 2019. Salvini ha promesso di abolire le accise nel 2018 (in un video non meno patetico, dove al posto del benzinaio c'era una lavagna). Salvini ha governato ininterrottamente dal 2018 a oggi, a parte il Conte-2, e non ha cancellato nulla.

Meloni è al governo da più di un anno, e non ha abolito pure lei nulla. Anzi, ogni volta che lei e Salvini fingono di riprovarci, il ministro Urso (sì, è ministro pure Urso) ricorda a entrambi che non se ne parla e non se ne parlerà mai.

Se la coerenza volasse, Meloni e Salvini sarebbero un sommergibile rotto in fondo all'oceano.

Tra Reagan e Wojtyła

Giorgia Meloni ha più volte detto di ispirarsi anzitutto a Ronald Reagan e a Papa Giovanni Paolo II. Il legame con Reagan non mi sfugge, quello con Papa Wojtyła un po' sì.

"Un grandissimo uomo, un santo", scrive Meloni nella sua biografia. "Il più grande pontefice dell'era moderna" (può essere) e "il più grande statista di tutto il Novecento" (anche no).

Meloni racconta con partecipazione che, quando morì, per lei fu come perdere di nuovo suo nonno: "Piangevo come mai mi è capitato di fare per qualcuno con cui non avessi un rapporto umano consolidato". Belle parole, certo partecipate e sincere.

Ma se il percorso di Papa Giovanni Paolo II è stato improntato sui valori della pace, della tolleranza e della fratellanza, dell'accoglienza e dell'empatia, esattamente, com'è che Meloni intende rifarsi concretamente a un *exemplum* così alto e nobile?

Mah.

Yo soy Giorgia

Ottobre 2021. Trasfigurata e quasi posseduta, Giorgia Meloni partecipa a Madrid all'adunata dei diversamente democratici tipetti di estrema destra Vox, gente così illuminata e libertaria da battersi pure per la reintroduzione della garrota.

Per omaggiare al meglio i sodali iberici, con i quali evidentemente condivide molti valori e visioni, Donna Giorgia rispolvera – in spagnolo! – la sua litania arringante: "Io sono Giorgia, sono una donna, sono una madre" eccetera.

Il risultato è agghiacciante. Ve lo propongo sbobinandolo proprio come lo ha detto lei.

> Toda nuestra identidaaad está atacada! Pero nosotros no lo gghmmm ih ih ghm ihhh (???) ehmm... no lo permitiremo! Yo soy Giorgia! Soy una mujer! Soy una madre! Soy italiana, soy cristianaaaaa! No me lo pueden... quitar! (???).

Qui partono gli applausi, le ovazioni e cori da stadio "Giorgia, Giorgia, Giorgia!", a cui Meloni risponde alzando le mani quasi come Dino Zoff ai Mondiali dell'82.

L'umanità ha fallito.

Da "pesciarola" a presidente del Consiglio

Meloni ha passato tutto il tempo della sua vita politica a urlare. Lo ha fatto così tanto da alimentare imitazioni talora grevi, che la ritraggono come una scaricatrice di porto trucida, e da giustificare (tra i mille) il soprannome "pesciarola", su cui lei stessa – probabilmente in risposta a un mio post su Facebook – ha ironizzato facendo un video in cui fingeva di vendere sul serio il pesce.

Fare opposizione non è facile come si crede (il Pd e in generale il centrosinistra ne è prova, avendo più spesso fatto solletico che opposizione a Berlusconi). Ma di sicuro è più facile che governare, soprattutto se ti limiti a criticare urlando.

Quando poi però ti capita di passare dal rango di pesciarola (*si parva licet*) a quello di presidente del Consiglio, lo iato tra urla e governo è enorme.

Quello iato, già ora evidente ma in qualche modo ovattato dalla sbornia (l'ennesima) che ha colpito il Paese e che deve ancora essere smaltita dai più, sarà esattamente ciò su cui cadrà Meloni. Per un po' puoi continuare a inventar nemici e accampar scuse, ma prima o poi – perfino in Italia – la realtà presenta il conto. Con gli interessi.

Non sarà però, o perlomeno a oggi non pare, un processo rapido: il vaccino dal berlusconismo si è rivelato molto più lento e meno efficace di quanto dicesse e sperasse Montanelli. Meloni non è Berlusconi, essendone solo discreta epigona, ma come minimo – per smaltire il virus – ci vorrà tutta questa legislatura. Come minimo.

Non sarà facile né indolore.

Si nasce fascisti e si muore Capezzone

Fatico a trovare dei punti di contatto personali con la destra sociale, quella cioè più fascista che postfascista del Msi. Di sicuro però aveva tre caratteristiche rispettabili, o comunque rimarcabili. Una posizione molto critica nei confronti di Nato e atlantismo. Un approccio molto legalitario, incarnato peraltro da Paolo Borsellino, al centro del quale c'erano la certezza della pena e il rispetto per la magistratura. E poi l'attenzione per le classi sociali meno agiate e dunque più povere.

Di quei tre punti cardinali, oggi, non è rimasto nulla. Meloni e i suoi ne hanno fatto carne di porco.

Un fine osservatore come Massimo Cacciari ci ricorderebbe che è inevitabile, perché la destra meloniana è passata nei sondaggi dal 4% (quando era fortemente identitaria ma anche per questo marginale) al 30% o giù di lì.

Vero.

Da qui però a mutare così radicalmente, in forma va da sé peggiorativa, ce ne passa. Oggi la destra meloniana è iper-atlantista, iper-berlusconiana e iper-briatoriana. Viva la Nato, botte alla magistratura, niente salario minimo e bombardamento a tappeto sul reddito di cittadinanza.

Si nasce fascisti e si muore Biden, Capezzone e Brunetta (restando qua e là un po' fascisti). Non un granché, come progressione storica.

Recidere le radici per difendere le radici

La tattica di Meloni è tanto curiosa quanto per ora efficace. Ha rinnegato quasi tutto delle sue eterne campagne elettorali, ma quando parla (quasi sempre da sola, perché i giornalisti sono per lei orpelli sgraditi) è tutto un dire che il suo obiettivo è difendere le tradizioni. I confini. La famiglia.

Prima distrugge tutto quel che ha detto (sulla politica estera, su quella fiscale, sui migranti, sulla giustizia, sulla Rai libera dalle lottizzazioni) e poi trova qualche bandierina comoda per fingersi identitaria e coerente.

Strano modo di stare al mondo: recidere le radici per difendere le radici.

Coerenza

Giorgia Meloni, anno 2018: "I centri di accoglienza uccidono i territori!".

Giorgia Meloni, anno 2023: "Un centro di accoglienza in ogni regione!".

Di nuovo: quando si dice la coerenza.

Globo terracqueo

"Andremo a cercare gli scafisti lungo tutto il globo terracqueo".

Giorgia Meloni lo ha detto davvero, nel marzo del 2023, dopo la tragedia di Cutro.

Lo ha detto davvero ed era pure seria.

Questi qua si fanno satira da soli, non hanno senso del ridicolo e spesso fanno più pena che spavento.

Poveri noi.

Non si vergognano mai

Uno dei mille effetti nefasti della riforma Nordio e del ritorno alla vecchia Cirielli sarà quello di mandare in prescrizione buona parte dei processi (o tutti) relativi al ponte Morandi, alla strage di Viareggio e a molte altre immani tragedie analoghe. Uno schifo inaccettabile.

Ma non si vergognano?

(No).

C'era una volta Gaza

"Un'altra strage di bambini a #Gaza. Nessuna causa è giusta quando sparge il sangue degli innocenti. #Israele e #Palestina #duepopoliduestati".

Chi lo ha scritto questo tweet? Tomaso Montanari? Moni Ovadia? Alessandro Di Battista?

No: Giorgia Meloni. 28 luglio 2014.

Come si cambia per non morire. E per governare.

La complottara

Ho letto per intero *La versione di Giorgia*, il libro uscito nel settembre 2023 per Rizzoli e consistente in una lunga "intervista" di Sallusti a Meloni, e l'ho trovato una gigantesca frantumazione di gonadi. Non contiene quasi nulla di rilevante (a differenza di *Io sono Giorgia* di due anni prima), è noioso come un soliloquio di Senaldi e trita davvero la uallera.

Davvero una palla immane (e stupisce, perché conoscendo Sallusti mi aspettavo come minimo una roba tipo Frost contro Nixon).

L'unica cosa che si nota, tra un'agiografia e l'altra, è la noiosissima propensione al complotto di Meloni.

Nel libro, che non è uscito vent'anni fa bensì quando era già premier da un anno, Meloni si inventa più complotti degli ultrà no vax.

Lo ha notato anche Francesco Cancellato su *Fanpage*. Una volta se la prende con la lobby gay, quell'altra con i poteri forti della globalizzazione. C'è poi il negazionismo climatico. Viene riciclata la sostituzione etnica. Si parla di improbabili "grandi concentrazioni economiche". Torna il grande spauracchio George Soros. Si riesuma addirittura il "*deep state* collegato alla sinistra". Parole che attingono a piene mani da QAnon e dai suoi seguaci, secondo cui – cito Cancellato – "esiste una trama segreta tra sinistra e *deep state* per rovesciare le destre al potere, nel caso di specie americano, l'ex presidente Donald Trump. Una teoria, questa, che lo stesso Trump ha avvalorato e che le fabbriche di troll russi diffondono a piene mani sui social network occidentali".

Non stupisce la riedizione di altri consunti cavalli di battaglia meloniani complottari, tipo il disastro culturale del Sessantotto, "del sei politico" e "le teorie gender portate all'estremo".

Che palle! E che tristezza sconfinata.

Tutte le bugie del(la) Presidente

A fine ottobre 2023, il governo Meloni presenta la prima manovra tutta sua: un brodino insipido, e anzi mezzo rancido, senza uno straccio di idee, figlio naturale di un esecutivo di incapaci, fatto tutto in deficit, con i soldi presi dall'aumento delle sigarette (comprese quelle elettroniche, che Salvini diceva di voler valorizzare e lanciare), che fa marcia indietro sul tassare gli extraprofitti delle banche (una delle poche idee giuste che avevano avuto), che peggiora la Fornero e che alza i prezzi di assorbenti, pannolini e latte in polvere (alla faccia delle note polemiche sulla natalità).

Il governo Meloni è davvero – quasi sempre – un branco di scappati di casa.

In tutto questo, sul *Fatto*, Nicola Borzi si diverte il 26 ottobre a mettere in fila tutte le bugie dette da Meloni da quando è al governo. Lo fa prendendo come riferimento l'ottimo testo di Giovanni Zagni e Carlo Canepa, *Bugie al potere – Il fact checking del governo Meloni*. Ne nasce un ritratto assai succoso ed esaustivo.

"Quante volte" – si domanda Borzi – "su 200 dichiarazioni rilasciate dalle elezioni del 25 settembre 2022 sino al 13 settembre scorso, la presidente del Consiglio Giorgia Meloni ha detto la verità?". Dalle verifiche emerge un risultato netto: la maggior parte delle affermazioni, 58 (il 30% circa) sono state "poco o per nulla attendibili", altre 49 (quasi il 25%) "imprecise" e solo 80 (il restante 40%) "attendibili". È un consuntivo tutt'altro che edificante, quello sulla comunicazione del "governo più a destra della storia repubblicana".

E ancora: "Balle, mezze verità, proclami propagandistici e mistificazioni statistiche propalate da ministri, sottosegretari e alte cariche dello Stato espressi dalla maggioranza".

Ecco alcune tra le bugie più clamorose raccolte dal libro e riprese da Borzi.

• "Blocco navale subito!": da facile slogan elettorale a "scorciatoia semantica" (copyright Giovanbattista Fazzolari, sottosegretario alla Presidenza del Consiglio): dal 22 ottobre 2022, insediamento del governo Meloni, a fine agosto gli sbarchi superano i 130mila.

• "Gli sbarchi aumentano... ma calano", parola del ministro dell'Interno Matteo Piantedosi, ospite a *L'aria che tira su La7* a gennaio. Secondo Piantedosi nei primi due mesi del governo Meloni c'era stata una "flessione della curva di crescita" degli sbarchi di migranti "rispetto all'anno precedente". Falso: tra il 22 ottobre e il 22 dicembre 2022 sono sbarcati più di 23mila migranti mentre nello stesso periodo del 2021, durante il governo Draghi, erano stati circa 12mila.

• Meloni batte Draghi con l'86% in più. "Con la sinistra al governo ne sono sbarcati quasi un milione", diceva il sottosegretario al ministero dell'Interno Nicola Molteni (Lega) in un'intervista a *Libero* del 6 novembre 2022. Falso: furono circa 330mila, oltre 150mila dei quali durante il governo Draghi, di cui lo stesso Molteni faceva parte come sottosegretario dell'Interno, incarico ricoperto anche nel primo governo Conte.

• Lavoro ed economia: "Il più importante taglio delle tasse sul lavoro degli ultimi decenni", disse Giorgia Meloni del ribattezzato decreto "Lavoro", approvato il 1° maggio scorso, per descrivere il taglio del cuneo fiscale. Falso: Meloni stanziava oltre 3 miliardi, ma altri governi hanno investito più risorse per questo obiettivo. Draghi stanziò tra 8 e 9 miliardi, nel 2014 Renzi oltre 9, nel 2020-21 il secondo governo Conte ne mise 8.

• "Pil e occupati crescono grazie all'abolizione del reddito di cittadinanza" (Adolfo Urso, ministro del Made in Italy, fine giugno 2023). Falso: tra il 2013 e il 2014, più di cinque anni prima dell'introduzione del reddito di cittadinanza il numero dei giovani che non studiano né lavorano (Neet) era di oltre 2,4 milioni, quasi un milione in più rispetto a quello registrato a fine 2022. Nessun merito del governo dunque.

• "Il ponte sullo Stretto costa un anno di reddito di cittadinanza". Delirio lanciato da Matteo Salvini a fine marzo. Il costo massimo annuo dell'Rdc è stato di 8,8 miliardi (Draghi, manovra 2022). Ma nel Documento di economia e finanza di aprile Meloni ha stimato in 13,5 miliardi i costi del ponte sullo Stretto.

• "In via Rasella furono uccisi i membri di una banda musicale": marzo 2023, uscita revisionista del presidente del Senato Ignazio La Russa (FdI) in un video podcast di *Libero* alla presenza del noto genio contemporaneo Pietro Senaldi. Falso: nell'attentato a Roma del 23 marzo 1944 i partigiani uccisero 33 militari del Polizeiregiment "Bozen" creato in Alto Adige nel 1943 durante l'occupazione tedesca per compiti di guardia, sorveglianza e rastrellamenti. L'ennesima perla attinta dal catalogo delle balle dei nuovi duci d'Italia.

Praticamente dei bugiardi seriali in servizio permanente.

Una vera ribelle. Quasi quanto Carlo Conti

Giorgia Meloni cresce nel gruppo dei Gabbiani. "Il gruppo dei Gabbiani ha una storia incredibile", ha raccontato ad Andrea Palladino Silvano Moffa, presidente della Provincia di Roma nel 1998, quando come consigliera veniva eletta per la prima volta la ventunenne Giorgia Meloni. I Gabbiani nascono all'inizio degli anni '90, come seconda generazione dei rautiani (wow...). "Fanno capo – ricorda Giuseppe Salvaggiulo il 22 aprile 2023 su *La Stampa* – alla sezione di Colle Oppio. Tra loro matura la giovane Giorgia Meloni".

Moffa li racconta così:

> I Gabbiani non si distinguevano sotto il profilo delle linee politiche, che erano sostanzialmente le stesse. Si distinguevano come gruppo di pressione, nel senso che loro avevano creato la loro enclave, il loro gruppo, che era molto stretto, un po' settario. Hanno realizzato delle strutture parallele, un'organizzazione territoriale importante, hanno incominciato a costruirsi anche un reticolo di rapporti nella società, hanno creato anche luoghi di incontro, con qualche ristorante, qualche pub.

Prosegue Salvaggiulo:

Alle elezioni provinciali del 2003 sono un disastro. Moffa non viene riconfermato, Alleanza Nazionale dimezza i consiglieri eletti. Anche Meloni non viene rieletta. Ma l'anno successivo diventa leader di Azione Giovani, l'organizzazione erede del Fronte della Gioventù. La lista con cui vince il congresso di Viterbo si chiama "Figli d'Italia". Con lei Fazzolari e Lollobrigida, oggi ministro e sottosegretario a Palazzo Chigi.

Meloni è appoggiata da Gasparri e La Russa, in una sfida all'ultimo voto con Carlo Fidanza, oggi eurodeputato, sostenuto da Alemanno e Storace.

In quel periodo Giorgia Meloni forma un documento programmatico di Azione Giovani. È elaborato per il congresso di Bologna del 2002. Il titolo è molto tronfio e imbarazzante (stando al contenuto): *La comunità dei ribelli*. Ne riporto alcuni stralci.

> L'attualità, la necessità di concretezza e le responsabilità del momento storico esaltano l'esigenza da parte di questa organizzazione di rappresentare il proprio ruolo con pensieri forti. "Comunità" e "ribelle", le parole del titolo, non sono scelte a caso: sono parole in grado di raccontare nel contempo le mille storie del nostro passato e le mille aspirazioni del nostro futuro.

Sì, ma chi è secondo Meloni "il ribelle"? Lei stessa (non ridete...), mentre i ribelli finti sono quelli di sinistra. In particolare:

> [Il ribelle non è] il cretino variamente "bucherellato", che parla come un povero dislessico, che si rimbambisce di spinelli, che forza le zone rosse, verdi, lilla, ecc., che partecipa a qualunque

> tipo di sciopero, per qualunque motivo, che ogni tanto aggredisce qualcuno all'università in nome dell'anziana "pregiudiziale antifascista" e che magari pensa che con le pistole si sia ancora in tempo per fare la rivoluzione.

Va notato come questo affastellamento di perle retrograde e trucide sia stato scritto pochi mesi dopo il G8 di Genova (a cui si fa chiaro riferimento nel testo quando si allude a chi "forza le zone rosse"), la morte di Carlo Giuliani e le mattanze – già note – alla scuola Diaz e a Bolzaneto.

Cosa significa, allora, ribellarsi? Significa questo, ed è oltremodo meritorio che Palladino abbia recuperato questo testo così rivelatorio del (non) pensiero della "gabbiana" Meloni.

> Ribellarsi non a un potere costituito, ma a uno stile di vita, a un modello di società che appiattisce le coscienze. Nell'accezione junghiana, dunque, il Ribelle non è colui che lancia bottiglie molotov contro i palazzi del potere, ma colui che ogni giorno costruisce un'alternativa concretizzando le proprie idee. Ed è questo il compito del governo Berlusconi, un compito che vogliamo contribuire a portare a termine.

Dunque, in questo testo scritto purtroppo e clamorosamente da sobri, che termina pure con la sempiterna saga di Tolkien ("gli Elfi donarono alla Compagnia dell'Anello il lembas, il pan di vita"), il ribelle non è il rivoluzionario didascalico e violento (la sinistra stereotipata da una Meloni come sempre semplicistica e banale), ma il conservatore che ("nell'accezione junghiana") si finge (?) reazionario ma in realtà cambia "concretamente" le cose e la vita. Quindi, in estrema sintesi, il ribelle vero non è Bakunin ma Berlusconi. Non è Gramsci, ma Meloni.

Meraviglioso. Giorgia Meloni crede davvero che lei e i suoi siano i veri ribelli. Che una masnada di postfascisti, che ancora oggi citano a caso in ogni salsa Tolkien e che hanno un'idea di famiglia degna dell'Inquisizione, possa davvero esser presa per rivoluzionaria. Come no: la bigotta, retrograda e anacronistica Meloni è ribelle più o meno come Carlo Conti.

Un governo di alto profilo

Giorgia Wonder Woman

Il 4 ottobre 2023 è una data storica: Mario Sechi torna in tivù. Lo fa a *Otto e mezzo*. Quella sera c'ero anch'io.

È la sua prima uscita dopo l'esperienza oltremodo fallimentare come responsabile della comunicazione di Giorgia Meloni. Un'esperienza durata la miseria di sei mesi e che verosimilmente a Donna Giorgia dev'essere piaciuta poco poco, tenendo conto che a un anno dalle elezioni vinte dichiara quello stesso giorno a Sky: "Il mio errore più grande in quest'anno? La comunicazione".

Un gran complimento per Sechi!

Il prode Mario, però, è ancora innamorato perso di Meloni. Direttore di *Libero*, due giorni prima ha fatto un titolo sparatissimo – "Scafisti in toga" – contro quei giudici che osano mettere in discussione la costituzionalità (e quindi l'applicabilità) dei tremebondi decreti Cutro.

Sechi, oltremodo infatuato, racconta che tra lui e Giorgia il rapporto è bellissimo, che ogni volta che si vedono brindano (non si sa per cosa) e ci regala poi un ritratto per nulla agiografico o eccessivo del(la) presidente del Consiglio. Testuale:

> Non si parla di una cosa importante. Il successo di Meloni è perché è sintonizzata con la maggioranza degli italiani. Se la sinistra e i critici di varia estrazione non capiscono questo dato oggettivo, non riusciranno mai a cogliere la complessità e la

> straordinarietà di questo personaggio. Io ho avuto l'onore e il privilegio di vederla in azione durante i vertici internazionali. Vi assicuro che, oggi, Giorgia Meloni è una star internazionale. Tutti vogliono parlarle. Meloni viene cercata da tutti i leader, tutti ci vogliono parlare, perché è considerato un elemento molto interessante e originale nel panorama internazionale. Questo è il punto che non si coglie e che in Italia non è ancora passato.

Ma pensa te. Meloni si è trasformata in un mix tra Wonder Woman, Beyoncé e Lady Gaga, e io neanche me n'ero accorto.

Quel gran cinico zozzone di Conte

Giorgia Meloni odia politicamente con tutta se stessa Giuseppe Conte. Quando ancora avevo un rapporto discreto con lei, mi scriveva nel 2020 che io e Travaglio fraintendevamo colpevolmente il suo atteggiamento durante il Covid: la sua non era umanità, ma solo mero e bieco cinismo. Lo ha scritto chiaramente anche in *Io sono Giorgia*:

> Lui [durante il Covid] ha capito prima di tutti che di fronte a una minaccia esterna i cittadini si attaccano alla bandiera, si affidano alle istituzioni. Per questo era certo di trarre un vantaggio, in termini di popolarità personale, da quella tempesta. E, per quanto io lo consideri cinico, non aveva torto. Utilizzando quel periodo drammatico è riuscito a costruirsi uno spazio tutto suo, che oggi lo porta alla guida di un non-partito come i 5 Stelle.

Sono parole abbastanza allucinanti, tenuto poi conto che in quei mesi tragici Meloni ha spesso flirtato con no vax, mondo antiscientifico e protestatari senza arte né parte. Se nel 2020 al governo ci fossero stati non Conte ma Meloni e Salvini, avremmo vissuto una tragedia di dimensioni molto più immani. Non me lo toglierà mai dalla testa nessuno.

In quel periodo, ospite su La7, Meloni arrivò addirittura ad accusare Giuseppe Conte di "atteggiamento criminale".

Meloni crede davvero che Conte sia un cinico senza cuore, un politico orribile e una persona da cui stare alla larga. Magari ha ragione lei. Oppure Conte le ha fatto qualcosa che non sappiamo (che so, romperle l'audiocassetta originale delle canzoni fascistone di De Angelis). Oppure, e più semplicemente, Meloni sa bene che l'avversario politico più pericoloso è proprio Conte. E quindi va bastonato con ancora più nettezza.

Se potessi avere 5mila euro

Giorgia Meloni ha colpevolmente accostato le tasse, o per meglio dire alcune tasse, al concetto di "pizzo di Stato". Parole quasi eversive, se dette da un presidente del Consiglio, che suonano – ovviamente – anche come un ulteriore assist per gli evasori fiscali (che, ve lo ricordo, in Italia votano e spesso decidono pure le elezioni).

Se proprio Meloni ama quella definizione, dovrebbe accostare le parole "pizzo di Stato" alla decisione adottata dal suo governo di chiedere una cauzione di 4.938 euro ai migranti per evitare il regime di detenzione amministrativa.

Questa mossa, che è divenuta di dominio pubblico a fine settembre 2023 e che il governo dice di aver semplicemente recepito da una direttiva europea (che diceva tutt'altro), è un abominio morale e al contempo un delirio legislativo.

Barattare la libertà di un migrante "proveniente da un Paese sicuro" con 5mila euro è qualcosa di semplicemente folle. Non solo a livello etico e umanitario. In primo luogo, molti dei Paesi ritenuti "sicuri" (e il governo Meloni ha allungato la lista per poterli rispedire meglio a casa) non lo sono per niente. Su tutti la cara (a Meloni) Tunisia dell'amicone dittatore Saied. Se li rimandi in Tunisia, quelli muoiono o li spediscono in centri analoghi ai lager libici. Per evitare poi la detenzione amministrativa in centri di accoglienza con procedura "semplificata" (ovvero permanenza di un mese e non diciotto), il migrante proveniente da Paesi "sicuri" (*sic*) dovrebbe pagare – appena arrivato a Lampedusa – 5mila euro in fideiussioni bancarie o polizza fideiussoria assicurativa. Una cosa facilissima, per un migrante che si è appena fatto un viaggio agghiacciante: chi, tra loro, non ha in tasca 5mila euro in obbligazioni bancarie? Non solo: il migrante dovrebbe pure esibire un documento di identità valido, quando è cosa nota che i migranti non ce l'hanno mai (o ce l'hanno falso). Oltretutto l'unico centro italiano con procedura "semplificata" – tecnicamente si chiamano "Centri per le procedure accelerate di frontiera" – è a Pozzallo, in Sicilia, e può accogliere al massimo 84 persone.

Di cosa stiamo parlando?

Questi qua, spesso, sono tanto disumani quanto incapaci. Un mix letale.

Che squadrone

Il governo Meloni è il sessantottesimo esecutivo della Repubblica italiana, il primo della XIX legislatura. È in carica dal 22 ottobre 2022. È sostenuto dai partiti componenti la coalizione di centro-destra, che ha vinto le elezioni politiche del 2022.

La mozione di fiducia al governo – cito da Wikipedia – è stata approvata alla Camera dei deputati il 25 ottobre 2022 con 235 voti favorevoli, 154 contrari e 5 astenuti. Il giorno seguente, il 26 ottobre 2022, il governo ha ottenuto la fiducia anche al Senato della Repubblica con 115 voti favorevoli, 79 contrari e 5 astenuti.

Il governo è composto da esponenti di Fratelli d'Italia (di cui è espressione la presidente del Consiglio), Lega per Salvini premier e Forza Italia, con sottosegretari espressi da Italia al Centro e Rinascimento (parte dell'alleanza Noi moderati), e gode dell'appoggio esterno del MAIE, dei restanti tre partiti componenti l'alleanza Noi moderati (ovvero Noi con l'Italia, Coraggio Italia e Unione di Centro) e del Movimento Animalista (movimento della deputata Michela Vittoria Brambilla).

È il primo governo nella storia d'Italia a essere presieduto da una donna. Il governo è composto da 24 ministri di cui 6 donne, con un'età media di 60 anni, la quarta più alta della storia repubblicana. Nove ministri sono di Fratelli d'Italia, 5 di Lega, 5 di Forza Italia e 5 indipendenti. Alla Camera la maggioranza vanta 238 voti (su 400) mentre al Senato 116 (su 206).

La lista dei ministri è la seguente: Ciriani, Zangrillo, Calderoli, Musumeci, Fitto, Abodi, Roccella, Locatelli, Alberti Casellati (fin qui i ministri senza portafoglio), Tajani (anche vicepresidente del Consiglio), Piantedosi, Nordio, Crosetto, Giorgetti, Urso, Lollobrigida, Pichetto Fratin, Salvini (anche vicepresidente del Consiglio), Calderone, Valditara, Bernini, Sangiuliano, Squillaci, Santanchè.

Uno squadrone fantastico. Non trovate?

Manganellando

Ottobre 2023. Torino. Un gruppo di studenti protesta contro il governo. Quel giorno Meloni è in città. Dei video inequivocabili ritraggono le forze dell'ordine manganellare non dei facinorosi, ma dei ragazzi. Ne nasce una polemica: niente di che, ormai questo Paese non si scandalizza di nulla, ma qualcuno ne parla.

È sintomatico come venga analizzata la vicenda dal governo.

Tommaso Foti, capogruppo di Fratelli d'Italia alla Camera, commenta testualmente così:

> È eccessivo il fatto di non protestare civilmente perché, come i fatti dimostrano, in quel corteo c'erano degli infiltrati molto più vicini all'area del terrorismo che all'area del dissenso politico.

In questa dichiarazione c'è tutta la destra al suo peggio: i manifestanti che diventano magicamente "infiltrati" e "terroristi", la giustificazione dei manganelli, la colpa che slitta puntualmente dalla "mela marcia" della forza dell'ordine che picchia a caso a chi "non protesta civilmente". Foti è ancora rimasto al Msi, e del resto lo dice la sua storia. Senza poi arrivare ai Sessanta e Settanta, basta riascoltare quel che diceva l'allora ministro dell'Interno Gianfranco Fini (che rispetto a quelli di oggi sembra Roosevelt) sui fatti del G8: Carlo Giuliani, Diaz, Bolzaneto e altri demoni. Non è cambiato nulla. Per averne conferma, rileggete quel che in questi anni hanno detto i La Russa, i Salvini, i Gasparri e i Giovanardi su Federico Aldrovandi, Stefano Cucchi e quelli (troppi) che hanno fatto la loro fine.

Poi però – attenzione – c'è Meloni. E qui cambia (in apparenza) tutto.

> Se le contestazioni sono dei centri sociali, lo considero perfettamente normale, anzi, mi ricorda che sono dalla parte giusta della storia, se mi contestano quelli che insultano le forze dell'ordine e organizzano il racket delle occupazioni abusive.

Ecco dove sta il "talento" del/la presidente del Consiglio: nel dire quasi sempre le stesse cose, grevi e violente, che dicono i suoi quasi-camerati, ma in modo migliore. Meloni sposta l'attenzione dal manganellatore ai manganellati. E i colpevoli sono ovviamente i secondi.

Il manifestante viene identificato integralmente con i fantomatici "centri sociali", categoria che peraltro non ama nemmeno molta parte della sinistra, e i ragazzi che protestavano civilmente divengono di colpo insultatori delle forze dell'ordine e – addirittura – organizzatori del racket delle occupazioni abusive. Chi lo sa, magari sono pure gli stessi che hanno buttato giù l'aereo di Ustica.

Falsità assolute, ma dette con apparente garbo.

Meloni, a questo punto, crea una divisione manichea bene-male, dove ovviamente lei (e quindi anche chi manganella) incarna il Bene, mentre i picchiati inermi sono espressione luciferina e abietta del Male. Ne consegue che Meloni può addirittura autoaccreditarsi un ruolo nevralgico e quasi salvifico: lei è "dalla parte giusta della storia". Di più: della Storia, con la *S* maiuscola.

Artifici dialettici e propagandisti facilmente smascherabili, ma che – in un Paese sfibrato e con un elettorato sempre più pigro e disilluso – funzionano benissimo.

In estrema sintesi: Meloni è molto spesso uguale per contenuto ai Donzelli e ai Foti, e dunque non ha contenuto alcuno, ma sa infiocchettare la caramella piena di nulla con una confezione accattivante, paracula e quindi vendibile.

Ve lo ripeto: se pensate che si autodistruggerà da sola come quei pesci piccolissimi e caricaturali dei due Mattei, vi sbagliate.

Un *eia eia elalà* afono fuori tempo massimo

Ogni presidente del Consiglio malamente ambizioso e inutilmente megalomane, non appena arriva a Palazzo Chigi, la mena con le grandi riforme costituzionali.

È accaduto a Berlusconi, è accaduto a Renzi.

Ora tocca a Meloni, che riciccia un desueto e consunto cavallo di battaglia caro da sempre alla destra (almeno in questo è stata coerente col suo passato): il presidenzialismo. Che è poi, riletto in salsa meloniana e dunque post-fascista, la maniera più apparentemente costituzionale di rimpiangere il "decisionismo" del Ventennio spacciandolo per riforma moderna e più al passo coi tempi.

Se la schiforma Boschi-Verdini del 2016 era obbrobrio para-costituzionale puro, il presidenzialismo e il premierato dei La Russa e delle Meloni sono un *eia eia elalà* afono e fuori tempo massimo.

Cutro calling

Sembrava uno sketch di Maurizio Crozza, ma era una conferenza stampa vera. E pure tragica.

Febbraio 2023. La conferenza stampa di Cutro, con un Mario Sechi da poco (e per poco) responsabile della comunicazione del/la presidente del Consiglio, resterà uno dei punti più bassi nella storia della comunicazione politica. Un disastro in piena regola, che sarebbe parso normale per un comico involontario come Renzi o per un cazzaro verde come Salvini, ma che è apparso (e appare) inspiegabile per una che di solito studia e si prepara come Giorgia Meloni.

Quel giorno, per giunta dopo una tragedia immane, Meloni sbaglia tutto. Sembra essere lì per caso. Non sa nulla, inciampa su se stessa e fa quasi pena. Tajani, alla sua destra, è sgomento (Salvini no: lui non si accorge quasi mai di nulla e in ogni caso probabilmente sta godendo per la figuraccia dell'"alleata").

In rapida sequenza:

• Donna Giorgia sbaglia la data della tragedia, per poi correggersi solo quando glielo fanno notare (26 febbraio 2023 e non 24 come dice all'inizio).

• Dice "il volante della barca" (è il timone).

• Non sa quando c'è stata la segnalazione di Frontex e neanche in quale punto ("in prossimità delle acque italiane, mi correggo", ammette stremata dopo aver farfugliato cose incomprensibili chiedendo aiuto a Piantedosi).

• "In questo momento ci sono venti imbarcazioni che vengono soccorse" ("Sono venticinque", la corregge sadicamente Salvini).

• Sechi, del tutto fuori contesto, prova maldestramente a mettere una pezza: "Ordine! Uno per volta! No, scusa, non è un dibattito! Non puoi fare così, eh, non è professionale!".

• "Certo! Dopo l'incidente, non prima dell'incidente!" Qui parte un coro pietoso: "No, priiimaaa!". E Piantedosi le dice che sì, è accaduto *prima*. Lei, imbarazzatissima, abbassa lo sguardo e ammette mestamente: "Ah... loro dicono anche prima... Loro partono anche prima. Eh...". E Piantedosi: "C'è la ricostruzione in Parlamento, possono leggerla". E lei, rispondendo a un giornalista che la incalzava: "Sì sì, scusi... sono io che ho fatto confusione sul prima e sul dopo".

Un disastro in piena regola. Non il primo e neanche l'ultimo, ma a questi livelli forse non era mai arrivato neanche Gasparri.

Ti piace la comunicazione di questo governo?

Mentre lavoravo a questo libro, il giornalista Marco Antonellis mi ha intervistato. Antonellis sta scrivendo un saggio sullo stato dell'informazione in Italia, e mi ha quindi chiesto cosa pensassi della comunicazione del governo e la "narrazione" di Giorgia Meloni.

Gli ho risposto così:

> Il governo fa solo propaganda, peraltro di pessimo livello, e queste menate sulla narrazione e sullo *storytelling* erano già patetiche e vuote quando le facevano a sinistra Vendola e nel finto centrosinistra Renzi. Figurati quando le fa adesso questa mandria *sgarruppata* di incapaci.
> Mi chiedi poi se mi piaccia il modo di "comunicare del governo": ma come potrebbe mai piacermi?! Mi dovrebbero piacere le continue cazzate dei Lollobrigida, Valditara e Sangiuliano? L'impunità arrogante delle Santanchè? La violenza verbale dei Donzelli? I titoli urlati e i dossieraggi infami dei giornali al soldo di questo governo? L'aggressività spavalda dei La Russa? I "carichi residuali" di Piantedosi? Gli attacchi ad alzo zero dei Gasparri? L'idea di famiglia delle Roccella? Le autointerviste e i monologhi della Meloni? La distruzione certosina che stanno attuando in Rai? Le censure che rivendicano nei confronti degli oppositori? È uno schifo assoluto, altro che "piacermi"! Se

io comunicassi così male, come minimo non uscirei più di casa. O peggio ancora, mi autopunirei senza pietà, magari (magari?) iscrivendomi a Italia Viva.
È quasi sempre un governo di asini, di arroganti e di ignoranti. Un disastro continuo che potrà solo peggiorare.

Che dite: sono stato abbastanza chiaro?

L'Italia vincente

A un anno dal voto, Fratelli d'Italia regala al mondo una brochure pateticamente celebrativa: *L'Italia vincente.* Contiene, anzi dovrebbe contenere, tutti i successi del governo in un anno (quindi dovrebbe essere vuota).

A suo modo è una lettura avvincente, perché comica dall'inizio alla fine. Contiene dati parziali per fingere vittorie e mascherare sconfitte, sostiene cose lunari (tipo che l'arresto di Messina Denaro è anche merito del governo) e boiate immonde (tipo che Meloni ha liberato la Rai dalla lottizzazione: più che altro, tra un Pino Insegno e una Laura Tecce, l'ha liberata dal pubblico. Nel senso che gli spettatori stanno legittimamente scappando).

La realtà è appena diversa da questa celebrazione infantile e puerile.

La fredda cronaca. Dopo un anno sono calati Pil, produzione industriale e occupazione. Il dopo-Reddito di cittadinanza si sta rivelando un fallimento totale. La demolizione del Superbonus ha generato centinaia di migliaia di esodati. Il governo Meloni è bravissimo a distruggere quello che hanno fatto gli altri (soprattutto se gli "altri" sono i 5 Stelle), ma non sa creare nulla di funzionante. I condoni fiscali non si contano più, come pure i fallimenti sul tema migranti. Le problematiche legate al Patto di stabilità le risolve bombardando Gentiloni. Le millantate (e orrende) riforme sono per ora (e si spera per sempre) tutte al palo: autonomia delle Regioni, giustizia, premierato, ponte sullo Stretto eccetera. Sull'acquisizione di Ita i tedeschi hanno fatto marcia indietro, i ritardi sul Pnrr sono ormai atavici, sull'alluvione in Emilia-Romagna si è parlato tanto ma di soldi ne sono arrivati pochi pochi, la sicurezza al Sud si è ridotta a leggi e blitz a favor di telecamera, il problema turismo è stato risolto appaltandolo genialmente all'Albania (a cui Meloni regala spot occasionali). La scuola ha riaperto senza insegnanti. La sanità è al collasso. Le gaffe di ministri e derivati sono infinite. Gli scandali tipo quello della Santanchè (Visibilia eccetera) fanno parte della quotidianità per nulla eccezionale. C'è il caro vita, il caro bollette, la cara benzina, le care accise, il caro alberghi, il caro voli, il caro libri, il caro mutui. La manovra che doveva cambiare il mondo e spezzare le reni è senza soldi e somiglia a una cureggina. La politica estera è appaltata a Biden e la politica finanziaria appaltata ai falchi della finanza europea.

Ora, di grazia: ma questi qua che diavolo hanno da festeggiare?

Una quasi-dittatura non illuminata di sorelle e cognati

Quella di Giorgia Meloni, per molti aspetti, è una Repubblica fondata non sul lavoro ma sulle parentele. Una sorta di quasi-dittatura non illuminata di sorelle e cognati: Parenti d'Italia, più che Fratelli d'Italia.

Riporto qui, per farvi comprendere al meglio la situazione, due articoli usciti il 13 settembre 2023 sul *Fatto Quotidiano*. Il primo è di Giacomo Salvini.

> "Clima familiare". La battuta che circola tra i delegati dell'Assemblea nazionale di Fratelli d'Italia riuniti per una mattina al centro congressi accanto a piazza di Spagna spiega tutto sul nuovo corso di Fratelli d'Italia. E Giorgia Meloni lo ribadisce nella sua relazione davanti ai 400 parlamentari, consiglieri e dirigenti di partito: 40 minuti di discorso per difendere la Fiamma Magica – la sorella Arianna, appena nominata a capo della segreteria di Fratelli d'Italia, e il fedelissimo Giovanbattista Fazzolari, coordinatore della comunicazione – e denunciare "campagne finto scandalistiche, i dossieraggi, le continue richieste di dimissioni", insomma "fango gratuito perfino sui familiari, con inchieste durate mesi su amici e parenti".
>
> [...] Il cuore della relazione è basata sul vittimismo. La difesa dei suoi fedelissimi contro le dietrologie sui sabotaggi al governo: "Arianna è militante da quando aveva 17 anni, sempre

penalizzata dal fatto di essere mia sorella. Da noi il segretario non esiste e c'è un solo presidente che sono io". Quindi per la premier non esiste un "partito chiuso, familistico, asserragliato". E Fazzolari alla comunicazione? "Ha sempre fatto questo, d'altronde chi ci dovevo mettere, Formigli?", ironizza la premier. Il resto del discorso è puro vittimismo: la premier avverte che "gli attacchi e le trappole si moltiplicheranno" come i "dossieraggi e le fake news", tutto "fango contro i miei familiari". Le previsioni sono fosche: "Non avete visto niente, proveranno a disarcionarci".

Meloni poi apre la campagna elettorale per le elezioni europee con un motto spagnolo: *con cabeza fria e corazón caliente*. Bacchetta gli alleati: "Come abbiamo fatto l'impensabile in Italia lo faremo anche in Europa", spiega parlando dell'accordo tra Conservatori e Popolari, "niente atteggiamenti egoistici, serve responsabilità". La premier teme soprattutto l'atteggiamento di Salvini che domenica salirà sul palco di Pontida insieme a Marine Le Pen, mentre Meloni domani sarà in Ungheria da Viktor Orbán. Non si parla di candidature, ma prende forma l'ipotesi di una corsa in prima persona della premier, o in alternativa della sorella Arianna. Finisce il discorso citando Battisti: "Non sarà un'avventura, non è un fuoco che col vento può morire".

Resta il partito: chi si aspettava uno scontro rimane deluso. Meloni spiega che si faranno i congressi provinciali mentre quello nazionale è rinviato a dopo le Europee. Interviene Giovanni Donzelli sposando in pieno le parole della premier, mentre Fabio Rampelli nega di essere il capo "di una corrente". "Da pazzi pensare che sia l'oppositore interno", aggiunge. Poi però rivendica il suo ruolo di fondatore "della comunità in cui si è formata la premier". Chiede i congressi provinciali ma senza scontri, spiega che sulla politica europea bisogna decidere con chi stare "ma non con Le Pen". Fuori dal centro congressi scher-

> za: "Meloni è sempre stata iscritta alla mia corrente". I congressi si faranno, entro l'anno. Le regole le deciderà una commissione di meloniani: ci saranno Donzelli, Arianna Meloni, Montaruli, Sbardella. I fedelissimi della premier decideranno le regole.

Fingo di non aver notato la citazione del povero Lucio Battisti e la poracciata del motto spagnolo buttato lì a casaccio.

L'altro articolo che qui vi propongo, sempre tratto dal *Fatto*, è firmato da Saul Caia, Lorenzo Giarelli, Vincenzo Iurillo, Giuseppe Pietrobelli e Ilaria Proietti. È una lista esaustiva, ma non completa (per quello servirebbe quasi tutto il libro), dei parenti e amici piazzati da Meloni. Sognate!

> Giorgia Meloni parla di "fango" contro il suo partito, difende la sorella Arianna e accusa la stampa di inventarsi un familismo che, assicura la premier, dentro Fratelli d'Italia non esiste. In realtà basta dare un'occhiata in giro per l'Italia per rendersi conto che i casi di "parenti illustri" non si fermano agli episodi più noti, ovvero l'asse tra le sorelle Meloni e Francesco Lollobrigida, ministro e cognato di Giorgia, o alla recente nomina di Rocco Bellantone, parente del sottosegretario Giovanbattista Fazzolari, all'Istituto superiore di sanità. Nelle Regioni e nelle città, come in Parlamento, ci sono almeno 20 nomi con parenti illustri, in un elenco necessariamente incompleto ma che qui racchiude i profili più noti.
> Nord. La Lombardia è feudo di Ignazio La Russa e infatti assessore in Regione è suo fratello Romano, "imposto" al governatore Attilio Fontana. Non solo: Geronimo, uno dei figli del presidente del Senato, ha fatto fortuna e guida da anni la sezione milanese di Aci; mentre il genero di Romano è l'onorevole Marco Osnato, a sua volta punto di riferimento di FdI al Nord. In Lombardia è tornato in auge pure l'ex forzista Mario Man-

tovani, uscito assolto da una pesante inchiesta giudiziaria. Mentre era alle prese coi processi, è emersa la figlia Lucrezia, oggi al secondo mandato da deputata con FdI.

A Torino c'è un altro parente nobile: il capogruppo in Comune è Giovanni Crosetto, il cui cognome è lo stesso del più noto zio Guido, ministro della Difesa e fondatore del partito. Sempre in Piemonte, da tenere d'occhio è l'ascesa della famiglia Pozzolo, perché Emanuele è stato eletto a settembre 2023 alla Camera e sua moglie, Martina Miazzone, è consigliera a Vercelli e il suo nome circola spesso come possibile assessore in Comune. In Regione c'è invece Maurizio Marrone, con un curriculum da consigliere e da assessore ma pure ex marito di Augusta Montaruli, uno dei volti più noti di FdI al Nord e anche lei eletta in Piemonte prima di arrivare in Parlamento.

Se si passa da Biella si trova poi Francesca Delmastro Delle Vedove, sorella del sottosegretario Andrea: è sindaca nel paese di Rosazza e ha provato la corsa a presidente della Provincia, senza riuscire a farsi eleggere. Non è finita. Il sindaco di Pordenone è Alessandro Ciriani, fratello del ministro Luca. Entrambi hanno cominciato militando nel Movimento Sociale Italiano e in Alleanza Nazionale, prima di entrare nel Popolo della Libertà e infine in FdI.

In Liguria Manuela Sasso, consigliera provinciale di Imperia, è compagna del senatore Gianni Berrino. E una coppia c'è anche in Emilia-Romagna, dove Giorgia Manghi, già candidata a Reggio e portavoce del movimento giovanile, è la compagna di Gianluca Vinci, deputato di FdI.

Centro. L'Abruzzo è uno dei più antichi feudi dei meloniani, che qui possono contare sul governatore Marco Marsilio. Ma anche sua moglie, Stefania Fois, si dà da fare col partito, quale fedelissima dell'ala vicina a Fabio Rampelli. Da dicembre 2022, Fois è capo segreteria della presidenza della commissione Trasporti della Camera, guidata dal Fratello d'Italia Salvatore

Deidda. Rampelliano, se non altro per motivi familiari (è il cognato di Fabio) è pure Marco Scurria, già eurodeputato e poi nello staff di Marsilio, prima di entrare in Senato alle ultime politiche.

Gode invece di un incarico interno al partito Piermarco Silvestroni, figlio del deputato Marco (braccio destro di Lollobrigida), già attivo nelle campagne elettorali nel Lazio e responsabile locale del movimento giovanile di FdI. Tocca invece tornare in Abruzzo per seguire le gesta di Vittorio Catone, il cui nome non dirà granché a livello nazionale eppure trattasi del nipote di Giampiero Catone, che la strada di alcuni meloniani l'ha incrociata negli anni di Fli accanto a Gianfranco Fini. Catone jr. è stato nominato nel 2021 alla presidenza della società dell'aeroporto di Pescara Saga, controllata dalla Regione Abruzzo. Militante da tempo è poi Laura Marsilio, già consigliera e assessora a Roma (giunta Alemanno) e adesso dirigente nazionale di Fratelli d'Italia, accidentalmente sorella di Marco Marsilio. Il suo ex marito, Pier Paolo Terranova, a sua volta è storico militante di FdI e già dirigente del partito a Roma.

Sud. In Campania svetta la dinasty della famiglia Schifone. Marta Schifone è alla prima legislatura alla Camera con FdI e proverà a seguire le orme del padre, Luciano, esponente di lunga data del Msi poi passato ad An e FdI, già consigliere comunale a Napoli, consigliere e assessore regionale ed europarlamentare. Oggi Luciano Schifone è tra i consiglieri del ministro della Cultura Gennaro Sangiuliano. Figlio d'arte è pure un altro eletto di FdI in Campania, ovvero il senatore Sergio Rastrelli, la cui passione politica deriva dal padre Antonio, dirigente missino ormai scomparso da quattro anni. La Puglia attende invece di dare altre soddisfazioni ai Gemmato. Sistemato Marcello, sottosegretario alla Salute, aspetta nuovi incarichi suo fratello Ninni, per dieci anni – fino al 2022 – sindaco a Terlizzi (provincia di Bari).

C'è poi la Sicilia a riservare casi grotteschi. In assemblea regionale siede Giusy Savarino, che ha ritrovato il banco del marito Giuseppe Catania. Alla Camera è stato nel frattempo eletto Giovanni Luca Cannata, per due mandati sindaco di Avola (Siracusa). La guida del Comune è però rimasta in famiglia, perché la nuova sindaca è Rossana Cannata, sorella di Luca ed ex parlamentare regionale.
L'intreccio ricorda quello di un'altra famiglia siciliana da non sottovalutare: Ruggero Razza era assessore alla Salute nella giunta di Nello Musumeci, ma nel 2021 si era dovuto dimettere dopo alcuni scandali. Tempo qualche mese e del rimpasto di giunta ha però beneficiato Elena Pagana, moglie del dimissionario Razza premiata con l'assessorato all'Ambiente. Come se nulla fosse. Degno esempio della catena di potere familiare dentro Fratelli d'Italia, pur con buona pace di Giorgia Meloni e delle sue accuse alla stampa.

Tutto molto bello, no?

Chiagnefottismo (non di lotta ma di governo)

Come quasi tutti i governi, anche quello Meloni eccelle in vittimismo. Non è mai colpa di Donna Giorgia e dei suoi: una volta è la peggiore congiuntura storica del mondo (pure Dio trama contro di lei, poverina), una volta è l'opposizione, una volta sono quelli che c'erano prima (tipo Conte e il suo famigerato "superbonus", capro espiatorio perfetto per giustificare una manovruccia pavida e mal scritta).

E poi ci sono i giornalisti, l'Europa cattiva (Gentiloni come noto è Stalin), la Germania zozzona e la Francia che se la tira, l'Africa cinica e bara, Putin cattivone (ma fino a due anni fa era il paladino della cristianità), lo spread e l'inflazione, la magistratura e i poteri forti, Soros e la finanza internazionale, il comunismo e l'intellighenzia *de* sinistra, l'antifascismo e i rom, i migranti e i venusiani, Goldrake e Mazinga, Conte e la Schlein, Formigli e Scanzi, Gruber e Giannini, *Report* e Saviano, la buonanima di Gino Latilla e in ultima istanza credo un po' anche stocazzo.

È sempre colpa degli altri.

È tutto un vittimismo, è tutto un lamento. È tutto un continuo chiagnere e fottere. Lacrime su lacrime. Senza sosta, incessantemente.

La nota anima ecologista della destra

In questo Paese tocca pure sentire il generale Vannacci straparlare di ambiente e cambiamento climatico. Ormai Vannacci, la versione de noantri del *Gunny* di Clint Eastwood, è una sorta di oracolo di Delfi e può parlare di tutto. Per lui, noto esperto planetario di *climate change*, "la svolta verde a cui aspira l'Europa è una reiterazione del comunismo che si tinge di verde". Sono parole che ha pronunciato in tivù nel settembre del 2023, confrontandosi con la portavoce dei Verdi Europei Benedetta Scuderi. Non solo. Secondo il fine pensatore Vannacci, "l'ambientalismo è un lusso che solo i Paesi ricchi si possono permettere. La via d'uscita è il nucleare, che è inesauribile".

Parole a caso e in libertà, dunque perfette per questa maggioranza.

Il "pensiero" di Vannacci è in tutto e per tutto quello che la destra (non solo italiana) ha da sempre nei confronti del clima: se ne frega, zimbella gli ecologisti e gli ambientalisti (quasi che fossero una razza di minorati mentali) e persegue unicamente il profitto.

Qualche esempio, che traggo in parte dalla puntata di *Cartabianca* del 10 ottobre 2023.

Germania. L'estrema destra di AfD (Alternative für Deutschland) ha raggiunto il 18% nei sondaggi grazie a un'aggressiva campagna contro i Verdi e le loro posizioni a difesa del clima. Alice Weidel, capo del gruppo parlamentare di AfD, afferma che i piani del governo Scholz sulla transizione energetica "impoveriscono le famiglie" e che "il passaggio dagli attuali riscaldamenti alle energie rinnovabili" si trasformerà in un "massacro sociale".

Francia. Il Fronte Nazionale di Marine Le Pen sfrutta la tematica ambientale per attaccare i migranti: "Chi nuoce davvero al clima sono i nomadi, perché non avendo una patria non sono interessati al clima".

Spagna. Javier Cortés, uno dei leader di Vox, partito neofranchista alleato di Fratelli d'Italia, ha tuonato contro "la religione climatica spinta dall'elitismo di chi vuole abolire le nostre frontiere, la nostra libertà e la nostra identità".

Svezia. Anche lì l'estrema destra usa un linguaggio molto ostile all'Agenda Verde della Commissione europea.

Gran Bretagna. I neofascisti britannici del British National Party affermano che "ciò che più distrugge il nostro ambiente è la sovrappopolazione, la cui prima causa è l'arrivo di migranti".

Svizzera. Il Partito popolare svizzero in un recente documento programmatico ha ribadito che "lo stop all'immigrazione è il migliore rimedio per porre fine al deterioramento dei nostri spazi verdi".

Usa. Donald Trump, nella nuova corsa alle presidenziali del 2024, ripete la promessa di "lasciare l'Accordo di Parigi per varare nuovi grandi progetti industriali" (come già aveva fatto nel 2016).

E l'Italia?

Lega e Fratelli d'Italia negano spesso e serenamente il cambiamento climatico, attaccando le norme che l'Europa porta avanti per ridurre l'impatto dell'inquinamento. Salvini è addirittura arrivato a sfruttare la tragedia del pullman caduto giù da un cavalcavia a Mestre – a inizio ottobre 2023 – per attaccare le "batterie elettriche", e ha scelto un negazionista climatico come responsabile del progetto delirante del ponte sullo Stretto.

Giorgia Meloni si presenta come colei che si oppone alle ingerenze dell'Europa che, con le sue direttive pro-ambiente dallo stop alle auto a benzina dal 2035 alla direttiva sulla casa *green*, "danneggia l'economia italiana".

Il governo Meloni contesta anche la direttiva *green* che invita i Paesi europei a migliorare l'impatto energetico delle abitazioni.

Lollobrigida, che dovrebbe essere il nostro ministro dell'Agricoltura, ha proposto perfino di ridurre i limiti sulla pesca a strascico: "È necessario rivedere il Piano di azione della pesca sostenibile europea, in particolare per quanto riguarda il rispetto dell'obbligo di sbarco delle catture involontarie e l'eliminazione graduale della pesca a strascico". E sull'uso dei pesticidi: "La tutela delle api non deve mettere a rischio la produzione agricola. Sarebbe sbagliato collegare il declino degli impollinatori all'uso dei pesticidi".

Sempre Lollobrigida, sostenuto dalla Coldiretti, ha pure bloccato la ricerca sulla carne sintetica, demonizzando un argomento in realtà legato alla sacrosanta necessità di riduzione dell'impatto ambientale degli allevamenti e delle produzioni intensive.

L'eurodeputato Nicola Procaccini, responsabile ambiente (ahah) di Fratelli d'Italia, ha detto: "I talebani del clima, la sinistra che ha portato avanti le battaglie sul *green* a tutti i costi, senza tenere conto delle famiglie e delle aziende, hanno esagerato. Le elezioni europee certificheranno che tante cose che hanno sostenuto sono follie".

Le battute (?) di Matteo Salvini sul clima non si contano più. Il Cazzaro Verde nega un ruolo del cambiamento climatico sull'innalzamento delle temperature e attacca il vicepresidente della commissione Ue Timmermans sul tema delle auto elettriche: "La commissione europea sta portando avanti un approccio ideologico anti sviluppo e anti Italia sull'auto. L'ideologia alla Timmermans, cioè l'Euro 7, è una follia da archiviare. Dire dal 2035 o elettrico o niente, conviene a qualcuno".

Salvini ha persino straparlato sull'alluvione in Emilia-Romagna. Secondo lui la colpa non sarebbe dell'eccessiva cementificazione (oltre che del clima impazzito), ma anche e soprattutto di "un certo ambientalismo" che non ha fatto fare i lavori per gli argini dei fiumi pensando "più alle nutrie che agli essere umani".

L'ambientalista, in Italia, finisce quasi sempre così: becco e bastonato.

Notevole anche il capogruppo di Fratelli d'Italia al Senato, Lucio Malan, secondo cui "il cambio climatico non è un dogma" e "non è vero che sono fenomeni mai visti negli ultimi decenni" (ce l'aveva anzitutto con l'alluvione in Emilia-Romagna).

E Giorgia Meloni?

Dice le stesse cose, ma con il solito surplus furbino di *paraculite* dialettica. Quando non è su un palco ad arringare i franchisti spagnoli di Vox (dove parlò di "fondamentalismo ecologico" come uno dei grandi nemici da abbattere), Meloni suole rifugiarsi in fumose supercazzole che non voglion dir nulla. Tipo: "Non siamo pericolosi negazionisti climatici, ma serve un approccio pragmatico". Che equivale a dire: "Come fosse Antani, con supercazzola prematurata (e scappellamento a destra)".

Il clima impazzisce e il pianeta Terra muore, ma le risposte della destra (e di Meloni in primis) sono quelle di sempre: mancanza di progettazione, assenza di un piano che gestisca la transizione, demonizzazione del nemico ecologista, il profitto prima di tutto, approccio antiscientifico, menefreghismo ambientalista e la patetica contrapposizione tra (inevitabile) futuro cinico e il rimpianto anacronistico per una mitizzata "tradizione occidentale". Questi qua son così fuori dal mondo che, se potessero, pur di non adeguarsi al futuro (bello o brutto che sia), quasi quasi tornerebbero al calesse. Magari trainato non dai cavalli, ma dai migranti clandestini.

Che branco di incompetenti irresponsabili e totali, mamma mia.

Terroristi!

L'attacco vile e schifoso di Hamas a Israele, sabato 7 ottobre 2023, tira di nuovo fuori il peggio del centrodestra italiano. Il governo, e i suoi scherani, non si limitano a esprimere solidarietà e vicinanza al popolo israeliano (e ci mancherebbe altro), ma esigono che nessuno provi – dopo aver condannato inequivocabilmente il male assoluto incarnato da Hamas – a contestualizzare e spiegare perché si è arrivati a un tale incancrenimento. Non c'è nulla di più complesso, sfaccettato e sdrucciolevole di questo conflitto eterno, ma da noi si pretende invece che chiunque ne parli abbia solo certezze.

È da sempre così: quando si parla di Palestina, e si osa ricordare Sabra e Shatila e sottolineare al contempo lo sgomento che si prova di fronte all'indegno lager che è da decenni la Striscia di Gaza, ti becchi la mitraglia dei benpensanti di destra ma pure della finta sinistruccia.

Non puoi mai argomentare: devi sempre solo dire "Israele bene, Palestina male". Con buona pace della realtà dei fatti, che non è mai – purtroppo – così facile. Qui i "buoni" sono solo i civili incolpevoli: quelli israeliani, quelli palestinesi. Ma se Hamas è il male più abietto, e su questo non possono esistere tentennamenti, Netanyahu ha colpe enormi (lo dice la storia e lo dicono pure gli organi di informazione israeliani, molto più liberi dei nostri).

Ma la realtà conta poco: nessuno ne esce illeso, la mitraglia del pensiero obbligatorio colpisce tutti, perché da noi i Tajani e Donzelli han sempre avuto più peso dei Pasolini e Tondelli (e i risultati si vedono).

Negli anni si sono beccati l'accusa orrenda – e folle – di filoterrorismo e antisemitismo figure straordinarie come Fabrizio De André (reo nel 1984 di avere scritto *Sidún* e attaccato le mattanze di Sharon). Noam Chomsky. José Saramago. Vittorio Arrigoni. Moni Ovadia. Roger Waters. E tanti, tanti altri.

Una "legge della scomunica da Occidente" che mi ha sempre fatto incazzare mortalmente.

Ora, questa distinzione miope e manichea, come e più di quanto già accaduto con i fantomatici "filoputiniani" nostrani nel conflitto tra Russia e Ucraina (compresi immagino Papa Francesco e la buonanima di Gino Strada), fa sì che chiunque non abbia il poster in camera di un politico corrotto, liberticida e politicamente idiota come Netanyahu sia *de facto* un immondo filo-Hamas e un convinto sostenitore del fondamentalismo islamico.

Il giochino infame, attivo ogni giorno 24 ore su 24 su tivù, radio, social e giornali, colpisce in rapida successione chiunque sia reo di conoscere la materia e ricordare per esempio che Israele (da almeno trent'anni) e la comunità internazionale (da settantacinque anni, Usa in testa) hanno negato anche "solo" il diritto all'esistenza del popolo palestinese. Con esiti puntualmente tragici e devastanti.

Di colpo diventano filo-Hamas Patrick Zaki e Laura Boldrini, per non parlare dei soliti rompicoglioni del *Fatto* (Orsini, Montanari, Di Battista, il sottoscritto e pure Travaglio, che peraltro è sempre stato filo-israeliano e questo non gli ha certo mai impedito di vedere le colpe del governo israeliano). E sono filo-Hamas anche Conte, Fratoianni, Bersani, Schlein, Mefisto e Scaramacai, da sempre noto e fervente simpatizzante di Hezbollah.

In quei giorni Massimo Cacciari, su La7, pronuncia parole perfette:

> Ragionare, secondo la razionalità occidentale, significa sempre risalire alle cause. Non si sa nulla finché non si conoscono le cause di un fenomeno. E di ogni guerra bisogna sempre comprendere le ragioni, nei limiti del possibile e con la massima obiettività, perché le guerre hanno sempre una storia. Non puoi sempre andare avanti a occasioni: oggi c'è l'11 settembre. E prima? Non c'è niente. Oggi c'è l'invasione russa in Ucraina. E prima? Non c'è niente. Oggi c'è Hamas che invade Israele. E prima? Non c'è niente. Questo non è ragionare, è puro infantilismo.
> Bollare come amico di Hamas chi critica Israele è da poveretti provinciali, che non sanno sopravvivere senza un padrone.

Ma un Cacciari non fa primavera. Tutt'altro. Le tivù vengono invase – persino più del solito – dai consueti mastini sdentati del melonismo, salvinismo e berlusconismo: l'inamovibile ghenga cinica, ignorante e verbalmente violenta che non sa di cosa parla, colpisce sotto la cintura, aziona la macchina del fango e mistifica la realtà.

Follia su follia. L'apoteosi della *disinformatia* e della disonestà intellettuale.

Meloni, in questo contesto, sguazza serenamente e si finge pure – come addirittura La Russa – da sempre vicina al popolo ebraico, nonché convintamente contro l'antisemitismo. Come no. Sono tutte cose che, notoriamente, la dittatura fascista (e i suoi epigoni fuori tempo massimo) hanno sempre avuto oltremodo a cuore.

Il dibattito è rasoterra, le argomentazioni empie, l'informazione sconfortante (compresi certi "maestri di giornalismo" da sempre laureati in cerchiobottismo estremo).

Uno schifo totale e assoluto.

Non ne usciremo mai.

Non abbiamo speranza

Mi rendo conto di darvi, in questo libro, un sacco di buone notizie. Lo so. Del resto vi voglio bene.

Per questo voglio darvene un'altra: non abbiamo speranza. Perché? Perché un Paese dove il partito di maggioranza è in mano a uno come Donzelli non può avere speranza.

Game over, proprio.

Faccio l'accento svedese?

Primo novembre 2023. La piattaforma online canadese *Rumble*, ripresa dall'agenzia russa *Ria Novosti*, posta una conversazione tra Giorgia Meloni e il presidente della Commissione dell'Unione Africana. Peccato che in realtà non fosse una conversazione vera, ma uno scherzo ordito dai due (sedicenti) comici russi Vovan Vladimir Kuznetsov e Lexus Alexey Stolyarov. E Meloni c'è cascata in pieno. La telefonata risale al 18 settembre 2023.

L'effetto generato ricorda quello che provava a fare Fantozzi, quando fingeva maldestramente l'accento svedese per fregare (senza riuscirci) il visconte Cobram. La figuraccia planetaria è servita.

Con un inglese drammaticamente stentato, in una telefonata lunghissima Meloni non solo cade nel tranello come una dilettante qualsiasi, ma ammette candidamente di non avere ottenuto il benché minimo risultato ("La situazione è molto difficile per noi, dall'inizio dell'anno abbiamo avuto circa 120mila arrivi, per la maggior parte dalla Tunisia") e rivela pure che in Ucraina sta andando tutto malissimo (la "controffensiva dell'Ucraina non sta andando come ci si aspettava", sul conflitto "c'è molta stanchezza da tutte le parti" e "si avvicina il momento in cui tutti capiranno che abbiamo bisogno di una via d'uscita"). Parole che smentiscono tutto quello che Meloni ha sin qui detto (in pubblico) sulla guerra russo-ucraina, e che sembrano addirittura dei virgolettati rubati a Orsini, Conte o De Masi, tutte persone belluinamente attaccate dal presidente del Consiglio come *pacifinti*, putiniani e sprovveduti. Il trionfo dell'incoerenza.

Mette poi tenerezza il livello imbarazzante di filtraggio e controllo che caratterizza i piani alti (?) di Palazzo Chigi, tenuto conto che sono bastati due comici qualsiasi per arrivare a parlare direttamente con Meloni, fingendosi goliardicamente (magari sobillati da Putin) "ambasciatori di Catonga" come Totò in *Totòtruffa 62*.

Siamo in mano a una mandria di irrecuperabili scappati di casa.

Il peggior governo di sempre?

Mi chiedono spesso se questo sia il peggiore governo degli ultimi trent'anni. La mia risposta è: "ni".

È senz'altro uno dei peggiori, ma non necessariamente il peggiore. Diciamo che sta con agio sul podio, accanto a tutti i governi berlusconiani (soprattutto il 2001-2006) e al governo Renzi.

Ecco: diciamo che, se esistesse il titolo di Peggior Governo del Globo Terracqueo, l'esecutivo Meloni se la giocherebbe con agio.

Conoscere, reagire, resistere

Quindi, riassumendo: 1) Questo governo è orrendo. 2) Dio è morto, Marx pure e anche quest'opposizione non si sente molto bene. 3) Questo governo durerà cinque anni.

E allora che si fa? E adesso che combiniamo?

Non ci sono ricette magiche. Se non tre. Informarsi (sul serio). Coltivare l'indignazione (e dunque anche la capacità di reagire democraticamente). E resistere, resistere, resistere.

Non sarà facile, non sarà breve e non sarà indolore. Saranno anni pesanti. Ma non abbiamo altro che questo: conoscere, reagire, resistere.

Buona fortuna, e non perdiamoci di vista.

Indice

Finito di stampare nel mese di novembre 2023
presso Puntoweb Srl - Ariccia (RM)